FODMAP Kochbuch

Die leckersten Rezepte für eine effektive FODMAP Diät bei Reizdarm, Blähbauch, Bauchschmerzen und anderen Verdauungsstörungen

Christina Gräfe

Email: info@edition-lunerion.de
www.edition-lunerion.de

Psiana eCom UG

Berumer Str. 44

26844 Jemgum

Vorwort

Wer mit der Diagnose „Reizdarmsyndrom" lebt, kennt die Verzweiflung am Esstisch: Das eine bläht, das nächste verstopft, nach manchem Genuss stellen sich Krämpfe ein – was soll man überhaupt noch essen? Zum Glück gibt es hier eine gute Lösung, die nicht nur Wohlbefinden, sondern auch grenzenlosen Genuss verspricht: Kochen nach dem FODMAP-Prinzip – und wie das kinderleicht und abwechslungsreich geht, zeigt Ihnen dieses Buch!

Champignons, Äpfel, Frühstücksmüsli oder Hülsenfrüchte – Lebensmittel, die eigentlich im Ruf stehen, gesund zu sein, lösen bei Reizdarmsyndrom-Patienten oft quälende Beschwerden aus und entsprechend hoch ist oft die Unsicherheit. Was tut mir gut, was sollte ich meiden und kann ich überhaupt noch bedenkenlos schlemmen und genießen? Ja, das geht, und dabei hilft Ihnen die wissenschaftlich entwickelte Ernährungsform nach dem FODMAP (fermentierbare Oligo-, Di-, Monosaccharide und Polyole)-Prinzip. Je weniger davon im Essen ist, desto besser vertragen Sie das Gericht, und dieses Kochbuch präsentiert Ihnen eine Fülle an köstlichen Rezepten, die sorgfältig auf optimale FODMAP-Werte abgestimmt sind. Von leckeren Frühstücksideen über feine Suppen und Salate bis hin zu herzhaften Hauptgerichten und verführerischen Desserts kommen hier Fleischfans, Fischliebhaber, Veggies und Naschkatzen gleichermaßen auf ihre Kosten und entdecken eine Riesenauswahl an gut verträglichen Leckereien!

Guten Appetit!

INHALT

Alles rund um den Reizdarm

Inhaltlich erhalten Sie mit dem Ratgeber eine theoretische Einführung in die Thematik des Reizdarms. Hier macht Sie der Ratgeber mit den Ursachen, Risikofaktoren sowie den Symptomen und Beschwerden vertraut, die im Zuge eines Reizdarmsyndroms auftreten können. Zudem erhalten Sie eine Vorlage, wie Sie ein Reizdarmtagebuch führen können. Diese Vorlage können Sie ausdrucken und für die Dokumentation Ihrer Ess- und Lebensgewohnheiten nutzen.

Daran anschließend informiert Sie der Ratgeber über eine mögliche Behandlungsform, mit der Sie die Symptome Ihres Reizdarms eindämmen und lindern können: die FODMAP-Ernährungsweise. Hier erfahren Sie, was es mit dieser Form der Ernährung auf sich hat und in welchen Phasen das FODMAP-Prinzip umgesetzt wird. Darüber hinaus liefert Ihnen der Ratgeber eine Liste mit einigen Lebensmitteln, die Ihnen zeigen, welche Nahrungsbestandteile Sie verzehren können und welche Sie besser vermeiden sollten. Hier sei jedoch erwähnt, dass, auch wenn ein Lebensmittel in dieser Liste als geeignet oder ungeeignet aufgelistet ist, der grundsätzliche Verzehr dennoch davon abhängig ist, inwieweit die jeweiligen Lebensmittel Ihnen persönlich Beschwerden bereiten. Um das herauszufinden, können Sie Ihr Ernährungstagebuch verwenden.

Im Anschluss finden Sie in diesem Ratgeber Rezepte, die für einen Reizdarm geeignet sind. Hierbei werden die Kategorien Frühstück, Brot und Brotaufstriche, Salate, Suppen, Hauptspeisen mit Fleisch, Hauptspeisen mit Fisch, vegetarische Hauptspeisen, vegane Hauptspeisen, Fingerfood, Snacks sowie Getränke angeführt.

Auch hier sei erwähnt, dass die Rezepte an einigen Stellen auch Lebensmittel enthalten können, die einen höheren FODMAP-Anteil aufweisen. Hierbei ist die Menge des jeweiligen Lebensmittels entscheidend. Darüber hinaus sollten Sie wissen, dass alle Rezepte in diesem Ratgeber abwandelbar sind. Das heißt, sollten Sie gegen bestimmte Bestandteile Unverträglichkeiten aufweisen, so können Sie diese entsprechend Ihrer individuellen Verträglichkeit anpassen. Grundsätzlich ist der Ratgeber daher als Anregung für eine Ernährungsweise nach FODMAP im Sinne einer Leitlinie zu verstehen, an der Sie sich im Rahmen Ihrer FODMAP-Diät orientieren können, um die für Sie passende Ernährungsweise zu finden.

REIZDARM – URSACHE UND DEFINITION

Als Reizdarm (*Colon irritabile*) wird eine Funktionsstörung des Darms bezeichnet, bei der Symptome wie Bauchschmerzen, Blähungen, Durchfall und Verstopfung auftreten können. Leiden die Betroffenen unter Stress, können sich diese Symptome verstärken. Das Reizdarmsyndrom, wie die Erkrankung auch genannt wird, betrifft den gesamten Verdauungstrakt und geht mit einem gestörten Zusammenspiel der *Darm-Hirn-Achse* einher. Daher wird das Reizdarmsyndrom häufig auch als Störung der Darm-Hirn-Achse beschrieben.

Definition:
Mit dem Begriff der Darm-Hirn-Achse wird die Wechselwirkung zwischen Darm und Gehirn beschrieben. Hierbei kommunizieren das Nervensystem, das Hormonsystem sowie das Mikrobiom, also die Gesamtheit aller Mikroorganismen, die den Darm besiedeln. Da auch das Mikrobiom eine Rolle in der Interaktion des Körpers spielt, wird der Name der Darm-Hirn-Achse häufig auch um das Mikrobiom (Darm-Hirn-Mikrobiom-Achse) erweitert. Diese Achse ist zuständig für die Darmbewegungen sowie für den gesamten Ablauf des Verdauungsprozesses. Daneben ist sie am Appetit, dem Energiehaushalt, dem Belohnungssystem und den Ernährungsgewohnheiten beteiligt. Arbeitet der menschliche Körper gesund, interagiert die Darm-Hirn-Mikrobiom-Achse so, dass ein regulierendes inneres Gleichgewicht entsteht (Homöostase). Innerhalb des Systems beeinflusst jeder Bestandteil den anderen. Das heißt, das Gehirn beziehungsweise die Psyche kann Einfluss auf die Verdauung sowie die Darmflora haben und andersherum.

Wie häufig das Reizdarmsyndrom auftritt, konnte anhand von Studien bisher noch nicht ermittelt werden. Die Ergebnisse variieren hier stark. Im Schnitt ist jedoch davon auszugehen, dass etwa zehn Prozent der Menschen weltweit betroffen sind. In aller Regel sind Frauen häufiger betroffen als Männer. In Deutschland leiden etwa 12 Millionen Menschen an dieser Erkrankung. Aus medizinischer Sicht wird von einem Reizdarmsyndrom gesprochen, wenn die Beschwerden über einen Zeitraum von mehr als drei Monaten anhalten, die Lebensqualität des Patienten einschränken und ausgeschlossen werden kann, dass keine anderen Erkrankungen die Ursache für die Beschwerden darstellen. Zudem sollten die Krankheitszeichen mindestens einmal wöchentlich auftreten.

Die Entstehung eines Reizdarms kann dabei von unterschiedlichen Faktoren abhängen. Liegt die Erkrankung vor, beeinträchtigt sie die Lebensqualität der Betroffenen stark. Ursächlich hierfür sind

- eine gestörte Darmperistaltik
- eine erhöhte Durchlässigkeit der Darmschleimhaut
- eine erhöhte Immunaktivität innerhalb der Darmschleimhaut
- Infektionen des Magen-Darm-Traktes
- eine gestörte Darmflora
- ein gestörter Serotoninhaushalt
- Stress
- andere Erkrankungen

Bei der **gestörten Darmperistaltik** sind die natürlichen Darmbewegungen nicht mehr im Gleichgewicht, sodass die Nahrung nicht mehr optimal befördert wird. Hierbei ist die Darm-Hirn-Achse im Ungleichgewicht. Hierbei erteilen die Nerven des Darms dem Hirn Fehlermeldungen, sodass die natürlichen Darmbewegungen nur noch fehlerhaft ausgeführt werden.

Ist die **Darmschleimhaut zu durchlässig**, ist die Darmflora oftmals gestört. Eine gestörte Darmflora kann dann die Ursache für die Ausbildung eines Reizdarms sein. Diese entsteht beispielsweise durch Antibiotikatherapien sowie durch schwere Infekte des Magen-Darm-Traktes, wodurch die bakterielle Besiedelung des Darms aus dem Gleichgewicht geraten kann. Wird die Darmflora über einen längeren Zeitraum hinweg geschädigt (*Dysbiose*), kann sich die Darmschleimhaut verändern. Die Schädigungen sorgen dafür, dass sie für Krankheitserreger und Giftstoffe durchlässig wird, sodass die Darmnerven gereizt werden können. In diesen Fällen können Krankheitserreger leichter in die Darmschleimhaut vordringen und dort eine Immunreaktion auslösen. Zudem wird ein Reizdarm durch eine **erhöhte Immunaktivität in der Darmschleimhaut** befördert. Das heißt, Betroffene weisen meist eine verstärkte Immunaktivität innerhalb ihrer Darmschleimhaut auf. Der Grund hierfür ist medizinisch nicht geklärt.
Darüber hinaus sind **Infektionen des Magen-Darm-Traktes** für die Ausbildung eines Reizdarms denkbar. In einem von zehn Fällen tritt ein Reizdarm im Anschluss an einen Infekt des Darms auf. Hierfür sind meist spezielle Bakterien, wie beispielsweise Campylobacter jejuni, verantwortlich.

Eine weitere Ursache für einen Reizdarm kann in einem **gestörten Serotoninhaushalt** liegen. Ist dieser gestört, nehmen Betroffene ihren Darm stärker wahr als andere. Dies geht meist mit einem Schmerzempfinden einher, was durch das Ungleichgewicht im Serotoninhaushalt zu begründen ist.

Viele Erkrankte befinden sich **im Alltag in stressigen Situationen**, die einen Einfluss auf ihren Magen- und Darmtrakt haben. Hierbei sind die innerhalb des Darms verlaufenden Nerven in einem dauerhaft erregten Zustand, wodurch die Darmbewegungen durcheinandergeraten und dem Hirn Fehlersignale melden. Psychische Belastungen können die Symptome zusätzlich verändern. Neben den benannten Ursachen können **andere Erkrankungen** der Auslöser für die Entstehung eines Reizdarms sein. Einige Erkrankungen, wie beispielsweise Fibromyalgie oder Depressionen, treten dabei gemeinsam mit einem Reizdarm auf (*Komorbidität*). Auch wenn sich ein Reizdarm grundsätzlich zurückbilden kann, verläuft die Erkrankung in den meisten Fällen chronisch.

RISIKOFAKTOREN

Für die Entstehung eines Reizdarms können eine ungesunde Ernährung sowie der Missbrauch von schädlichen Substanzen, wie beispielsweise Drogen, Alkohol und Nikotin, in Korrelation stehen. Zudem konnte nachgewiesen werden, dass eine ballaststoffarme Ernährung sich schädlich auf die Darmgesundheit auswirken kann. Das liegt vor allem daran, dass der Darm für das Verdauen von Ballaststoffen (zum Beispiel beim Verzehr von Rohkost) mehr arbeiten muss. Daneben können der Verzehr von Fett und Zucker im Übermaß die Entstehung eines Reizdarms begünstigen. Diese Nahrungsbestandteile befinden sich vor allem in stark industriell verarbeiteten Lebensmitteln.

Ist der Ernährungsplan zu ballaststoffreich, kann dies wiederum ebenfalls schädlich für den Darm sein, da es einen bereits vorhandenen sowie einen entstehenden Reizdarm befördern kann.

Weiterhin können zu schnelles Essen oder eine mangelnde Hygiene bei der Verarbeitung und Zubereitung von Lebensmitteln einen Risikofaktor darstellen. Besondere Indikatoren für die Entstehung eines Reizdarmsyndroms können zusätzlich beispielsweise Nahrungsmittelunverträglichkeiten, die Psyche oder Infektionen sein. Bei den Nahrungsmittelunverträglichkeiten sind als Risikofaktoren vor allem die nachfolgenden Intoleranzen zu nennen.

- Laktoseintoleranz
- Getreide
- Fruktoseintoleranz
- Zöliakie
- Gluten-Unverträglichkeit

Neben den benannten Risikofaktoren steht innerhalb der medizinischen Forschung eine erbliche Veranlagung im Verdacht, ein Reizdarmsyndrom auslösen zu können.

SYMPTOME UND BESCHWERDEN

Für das Reizdarmsyndrom ist ein häufiger krampfartiger Bauchschmerz charakteristisch. Je nach Ausprägung kann dieser mal intensiver und mal weniger intensiver empfunden werden. Die Intensität und Häufigkeit ist dabei von Erkranktem zu Erkranktem sehr individuell. Die Beschwerden treten hierbei meist in Zusammenhang mit dem Stuhlgang auf. Da beim Auftreten des Reizdarmsymptoms die natürliche Darmfunktion gestört ist, verändert sich bei Erkrankten die Konsistenz des Stuhls. Nicht selten berichten Patienten von einem Gefühl, bei dem der Darm nicht vollständig entleert werden kann. Der Stuhlgang ist unregelmäßig und variiert von Durchfall bis zu Verstopfung. Darüber hinaus leiden viele Patienten unter einem aufgeblähten Bauch, Blähungen, häufigem Aufstoßen, Müdigkeit, Kopfschmerzen, Erschöpfung sowie in einigen Fällen einer gedrückten Stimmung. Besonders typisch für ein Reizdarmsyndrom sind daher:

- Bauchschmerzen, die krampfartig verlaufen können
- Durchfall, Verstopfung oder beides im Wechsel
- Völlegefühl, Blähbauch und Blähungen
- Schleimbeimengungen im Stuhl
- Schmerzen während des Stuhlgangs
- häufiger Stuhlgang
- Gefühl eines unvollständig entleerten Darms

Da die Symptome eines Reizdarms unspezifisch sein können und sich häufig auch bei anderen Erkrankungen zeigen, müssen vor der Diagnose weitere Erkrankungen ausgeschlossen werden. Auch wenn die Symptome von Erkrankten häufig als sehr belastend empfunden werden, so ist sie grundsätzlich nicht gefährlich.

Krankheitsverlauf

Der Krankheitsverlauf ist hinsichtlich des Reizdarmsyndroms abhängig davon, unter welchen Beschwerden der Betroffene leidet. Daher unterteilt die Medizin das Krankheitsbild in vier unterschiedliche Krankheitstypen:

- Durchfalltyp
- Verstopfungstyp
- Schmerztyp
- Blähungstyp

Neben diesen Formen treten weitere Mischformen auf. Hierbei gehen die einzelnen Formen ineinander über oder wechseln einander ab. Grundsätzlich kann ein Reizdarm gut therapiert werden. Hierzu ist eine möglichst frühzeitige Diagnose wichtig. Wird der Reizdarm frühzeitig erkannt, lassen sich die Beschwerden besser behandeln, da sie noch nicht chronisch sind. Meist tritt die Erkrankung im Alter zwischen 20 und 30 Jahren erstmalig auf. In der Vielzahl der Fälle verläuft das Reizdarmsyndrom chronisch. Das heißt, die meisten Menschen kämpfen dauerhaft mit den Beschwerden der Erkrankung. In den meisten Fällen verläuft die Erkrankung schubweise, sodass sich die Phasen mit leichten oder keinerlei vorhandenen Darmbeschwerden mit Phasen stärker ausgeprägten Beschwerden abwechseln. Individuell kann das Reizdarmsyndrom jedoch sehr unterschiedlich verlaufen. Dabei können die Symptome immer wieder neu auftreten, abnehmen oder vollständig aussetzen. Dadurch, dass sich bei den meisten Menschen Durchfälle und Verstopfung abwechseln, beeinträchtigt die Krankheit ihre Lebensqualität stark. Sind Betroffene in der Lage, zu erörtern, was ihre Beschwerden auslöst, ist die Prognose für den Krankheitsverlauf besser, da sie diese durch gezielte Verhaltensveränderungen und Therapiemaßnahmen lindern können oder vollständig beschwerdefrei werden. Erkrankte, die bereits länger unter einem Reizdarm leiden, ist die Prognose grundsätzlich schlechter. Eine vollständige Behandlung der Symptome ist in der Regel nicht möglich. Anhaltspunkte, dass sich aus einer Reizdarmerkrankung schwerwiegende Erkrankungen entwickeln können, liegen jedoch nicht vor, weshalb die Erkrankung bisher als nicht gefährlich eingestuft wird.

Prävention

Da die Ursachen für die Entstehung eines Reizdarms vielfältig sein können, lässt sich der Entstehung nur schwer vorbeugen. Insgesamt kann eine gesunde Lebensweise jedoch dabei unterstützen, die Darmflora gesund zu halten und möglichen Risikofaktoren entgegenzuwirken. Hierbei ist es beispielsweise wichtig, Mahlzeiten in Ruhe und ohne Hektik zu verzehren. Zudem sollte die verzehrte Nahrung vor dem Schlucken gut zerkaut werden. Auf diese Weise wird sie bereits im Mund vorverdaut, sodass die Verdauung im Magen- und Darmtrakt leichter wird und der Darm weniger arbeiten muss. Daneben ist eine ausgewogene und faserreiche Kost durch beispielsweise Gemüse, Salat und Obst ein wichtiger Bestandteil, wenn es darum geht, den Darm gesund zu halten. Darüber hinaus sollten dem Körper Ballaststoffe zugeführt werden. Diese sollten jedoch vorsichtiger dosiert werden, da sie Blähungen verursachen und zu Verstopfung führen können, wenn nicht genügend Bewegung stattfindet. Hier ist es empfehlenswert, dass Sie die Menge an Ballaststoffen langsam steigern und den Körper hierbei gut beobachten. Als Ballaststoffzufuhr eignen sich dabei die nachfolgenden Produkte am besten:

- Haferflocken
- Leinsamen
- Flohsamenschalen

Darüber hinaus sollten Sie ausreichend trinken (zwei Liter am Tag). Hierzu eignen sich Wasser, Tee und ungesüßte Säfte zur Unterstützung einer gesunden Darmfunktion. Nebstdem sollten Sie darauf achten, sich ausreichend zu bewegen, damit Ihr Darm in Bewegung bleibt, gut durchblutet wird und seine Arbeit ordnungsgemäß verrichten kann. Hierzu eignet sich sowohl ein ausgedehnter Spaziergang als auch Gymnastik, Joggen, Schwimmen oder Radfahren.

UNTERSUCHUNGS- UND DIAGNOSEMÖGLICHKEITEN

Bevor das Reizdarmsyndrom erkannt wird, vergeht meist einige Zeit. Das liegt vor allem daran, dass die Symptome auch bei vielen anderen Erkrankungen typisch sind, weshalb diese im Vorfeld ausgeschlossen werden müssen. Für Ärzte und Ärztinnen kann dies im Vorfeld eine Herausforderung darstellen. Hinzu kommt, dass sich die Beschwerden individuell unterscheiden und sich zudem im Laufe der Zeit verändern können. Darüber hinaus gibt es kein eindeutiges Testinstrumentarium, das bei der Diagnose der Erkrankung unterstützt. Daher müssen in einem ersten Gespräch mit dem behandelnden Arzt die Beschwerden besprochen werden. Hierbei wird der Arzt von Ihnen wissen wollen, wie lange die Symptome bei Ihnen bestehen und ob Sie darüber Auskunft geben können, ob der Verzehr von bestimmten Lebensmitteln die Symptome verstärken. Weiterhin wird es darum gehen, wie sich Ihr Stuhlgang gestaltet. Um ernste Ursachen auszuschließen, werden Ihnen dabei Fragen danach gestellt, ob Sie unter nächtlichem Stuhlgang leiden, ob Ihr Stuhlgang Blut aufweist, Sie ungewollt Gewicht verloren haben oder es Veranlagungen zu Darmkrebserkrankungen oder chronisch-entzündlichen Darmerkrankungen wie Morbus Crohn innerhalb der Familie gibt. So kann Ihr Arzt vor der weiteren Behandlungen schwerwiegende Erkrankungen ausschließen. Anschließend können eine Reihe an Untersuchungen durchgeführt werden:

- Blutuntersuchungen, bei denen die Entzündungswerte, Bauchspeicheldrüsenwerte, Gallenwerte sowie die Leberwerte überprüft werden
- rektale Tastuntersuchung, bei der der Enddarm mit dem Finger ausgetastet wird
- Test auf Blut im Stuhl
- Ultraschalluntersuchung des Bauchraumes
- Darmspiegelung

- Bei Frauen: gynäkologische Untersuchung
- bakterielle Untersuchung des Stuhls auf Krankheitserreger, wie beispielsweise Parasiten, Würmer, Entzündungsmarker sowie den Anteil an Gallensäuren
- Untersuchung auf Nahrungsmittelunverträglichkeiten, wie beispielsweise eine Glutenunverträglichkeit, eine Fruktoseunverträglichkeit, eine Laktoseunverträglichkeit sowie eine Zöliakie oder Nahrungsmittelallergien auf bestimmte Lebensmittel

Daneben bieten einige Ärzte die Untersuchung der Darmflora für Selbstzahler an. Hiervon rät die Deutsche Ärzteleitlinie jedoch ab, da unklar ist, inwiefern hier verlässliche Ergebnisse generiert werden. Darüber hinaus können die im Vorfeld zugeführten Nahrungsbestandteile die Zusammensetzung des Darmmikrobioms verändern, sodass das Ergebnis verfälscht wird.

Wenn der Verdacht auf Unverträglichkeiten bei bestimmten Lebensmitteln besteht, kann eine Untersuchung auf Nahrungsmittelunverträglichkeiten zusätzlich Aufschluss bieten. Hier kann es für Sie beispielsweise hilfreich sein, wenn Sie ein Ernährungstagebuch führen, anhand dessen Sie nachvollziehen können, wie Ihr Darm auf bestimmte Nahrungsmittelbestandteile reagiert. Hierbei sollten Sie beachten, dass das Vorliegen von Unverträglichkeiten die Erkrankung an einem Reizdarmsyndrom nicht automatisch ausschließen. So kann es beispielsweise sein, dass Sie sowohl Unverträglichkeiten aufweisen und aufgrund der Vorbelastung des Darms einen Reizdarm diagnostiziert bekommen.

Reizdarm-Tagebuch – So führen Sie Ihr Reizdarmtagebuch:

- Vermerken Sie alle Lebensmittel, die Sie im Verlauf eines Tages zu sich nehmen. Dies gilt sowohl für Speisen als auch für Getränke.
- Achten Sie darauf, dass Sie auch die Art der Zubereitung erfassen.
- Je genauer Sie die Art der Zubereitung beschreiben, desto besser ist dies für die Erfassung Ihrer Symptome.
- Wenn Sie auswärts essen, sollten Sie dies entsprechend in Ihrem Tagebuch vermerken, da sich hier nur schwer nachvollziehen lässt, welche Lebensmittel wie verarbeitet wurden.
- Treten nach einer Mahlzeit Symptome auf, sollten Sie diese ebenfalls erfassen. Damit Sie diese nachvollziehen können, sollten Sie die Symptome nach dem Schweregrad (1 = sehr schwach, 10 = stark ausgeprägt) erfassen.
- Damit Sie nichts vergessen, sollten Sie die Angaben nach dem Verzehr der Mahlzeit in Ihrem Tagebuch erfassen.
- Achten Sie darauf, hierbei auch die Besonderheiten zu vermerken. Das heißt, erfassen Sie, wenn Sie unter Zeitdruck essen mussten oder wenn Sie besonderen psychischen Belastungen oder Stress ausgesetzt waren.
- Erfassen Sie zudem die Einnahme von Medikamenten und Ähnlichem. Hierbei sollten Sie auch die Uhrzeit der Einnahme vermerken.
- Wenn Sie sich sportlich betätigen oder einen Spaziergang machen, sollten Sie dies ebenfalls in Ihrem Tagebuch berücksichtigen.

Eine mögliche Seite Ihres Tagebuchs kann dabei wie folgt gestaltet sein:

Mo ☐ Di ☐ Mi ☐ Do ☐ Fr ☐ Sa ☐ So ☐				
Uhrzeit	**Speisen**	**Getränke**	**Symptome**	**Stärke (1 bis 10)**

Stuhlfrequenz	Stuhlkonsistenz	Aktivität	Medikamente	Allgemeines Wohlbefinden
☐ gar nicht ☐ 1 x ☐ 2 x ☐ öfter	☐ dünnflüssig ☐ weich ☐ hart ☐ unvollständige Entleerung	☐ Ja ☐ Nein		

Im nächsten Schritt ist es wichtig, psychische Einflüsse auf den Darm abklären zu lassen. Nicht selten stehen Darmbeschwerden in Verbindung zu seelischen Problemen wie Angststörungen, Depressionen oder eine Posttraumatische Belastungsstörung.

Die Diagnose eines Reizdarmsyndroms kann somit von einem Arzt nur anhand einer Ausschlussdiagnostik gestellt werden.

Behandlungsmöglichkeiten

Die Symptome eines Reizdarms können mit einigen Veränderungen gelindert werden. Hier sind vor allem Faktoren wie die Ernährung sowie die Lebensweise zu nennen. Bestehen regelmäßige Durchfälle oder Verstopfung, kann der behandelnde Arzt zudem Medikamente für die akute Behandlung verschreiben. Hinsichtlich der Ernährung bleiben Ihnen zudem die nachfolgenden Möglichkeiten:

Das können Sie auf natürlicher Basis zur Linderung Ihrer Beschwerden tun:

- Nehmen Sie über den Tag verteilt mehrere kleine Mahlzeiten zu sich statt wenige große.
- Beobachten Sie Ihre Ernährung genau: Welche Lebensmittel lösen Ihre Beschwerden aus oder verschlimmern sie? Führen Sie hierzu ein Ernährungstagebuch, um festzustellen, von welchen Lebensmitteln Ihr Darm gereizt wird. Hierbei sollten Sie Ihr Augenmerk vor allem auf Lebensmittel wie Hülsenfrüchte, Zwiebeln, Weißmehlprodukte, Milchprodukte, Fertiggerichte, Zucker, Zuckeraustauschstoffe, Kaffee, Nikotin sowie Alkohol legen, da diese Beschwerden auslösen können.
- Essen Sie langsam und kauen Sie gut. Auf diese Weise wird die Nahrung bereits im Mund vorverdaut und der Darm muss weniger Arbeit leisten. Zudem werden hierdurch der Dünndarm, die Galle und die Bauchspeicheldrüse entlastet.
- Vermeiden Sie scharfe und fettige sowie schwer verdauliche Speisen.
- Vermeiden Sie psychische und körperliche Belastungen. Sorgen Sie mithilfe von Autogenem Training, Yoga, Muskelentspannung nach Jacobson sowie Meditation für einen guten Ausgleich zu einem stressigen Alltag.
- Liegen psychische Beschwerden vor, sollten Sie sich hierauf behandeln lassen.
- Gegen akute Durchfälle können Gerbstoffe helfen. Hierzu können Sie Schwarztee lange ziehen lassen, da hier besonders viele Gerbstoffe freigesetzt werden. Zudem können Sie Gerbstoffe in Kapselform zuführen oder ballaststoffreiche Lebensmittel wie Flohsamenschalen, Haferflocken sowie Johannisbrotkernmehl verzehren.
- Verzehren Sie Lebensmittel, die Wasser binden. Hierzu eignen sich beispielsweise Kartoffeln, Bananen oder Zwieback (glutenfrei) bei Durchfall. Richten Sie sich hierbei danach, was für Sie am bekömmlichsten ist.
- Leiden Sie unter Verstopfung, sollten Sie beispielsweise Müsli mit Obst konsumieren. Darüber hinaus können Sie Ihren Darm mit Bewegung unterstützen und ihn in Schwung halten.
- Trinken Sie ausreichend. Zur Linderung von Krämpfen und Blähungen können Sie auf Kümmel- oder Pfefferminzöl zurückgreifen.
- Meiden Sie Lebensmittel mit Kohlensäure und Zucker.

Eine Heilung des Reizdarmsyndroms ist durch einen operativen Eingriff nicht möglich, sodass eine Behandlung auf diesem Weg nicht zur Linderung der Beschwerden beiträgt.

Ernährung bei Reizdarm: Stichwort FODMAP

DEFINITION FODMAP

FODMAP steht als Akronym für fermentierbare Oligo-, Di-, Monosaccharide und Polyole. Mit diesen Fremdwörtern werden Nährstoffe wie Kohlenhydrate und Zuckeralkohole beschrieben, die in einem gesunden Darm vollständig aufgespalten und verarbeitet werden können. Ist die Darmflora wie bei einem Reizdarmsyndrom jedoch gereizt, können diese Nährstoffe nicht mehr vollständig verarbeitet werden. FODMAPs sind somit eine Gruppe von Lebensmittelbestandteilen, die im Dünndarm schlecht resorbiert (aufgenommen) werden können. Aus diesem Grund gelangen sie zügig in den Dickdarm und werden dort von den im Darm angesiedelten Bakterien vergoren. In der Folge führt dies zu Blähungen, Verstopfungen, Durchfall oder Sodbrennen. FODMAPs sind von Natur aus in vielen Nahrungsmitteln enthalten.

Die Fachliteratur fasst daher unter FODMAPs vergärbare Mehrfachzucker, Zuckeralkohole und Einfachzucker zusammen, die bei Menschen mit einem empfindlichen Magen-Darm-Trakt für Verdauungsbeschwerden sorgen.

In Bezug auf das Reizdarmsyndrom wird unter dem Begriff FODMAP eine auf die Erkrankung abgestimmte Ernährungsweise verstanden, die nachhaltig dabei unterstützen soll, die Symptome der Erkrankung zu lindern.

ERNÄHRUNGSWEISE NACH FODMAP

Ihren Ursprung hat die FODMAP-Ernährungsweise in einem australischen Konzept für die Therapie des Reizdarmsyndroms.

Im Hinblick auf eine Ernährungsweise, die sich an dem FODMAP-Gehalt von Lebensmitteln orientiert, wird zwischen FODMAP-armen und FODMAP-reichen Lebensmitteln unterschieden, wobei erstere zur Linderung der Symptome eines Reizdarmsyndroms beitragen können.

In der ersten Phase (Eliminationsphase) der Ernährungsweise nach FODMAP werden über einen Zeitraum von sechs bis acht Wochen Lebensmittel gemieden, die einen hohen FODMAP-Gehalt aufweisen. Sollte sich in der ersten Phase zeigen, dass sich die Symptome lindern, kann dies ein Hinweis darauf sein, dass eine langfristige Ernährung nach FODMAP für die Behandlung des Reizdarmsyndroms sinnvoll zu sein scheint.

Im Rahmen der zweiten Phase (Wiedereinführungsphase) der FODMAP-Diät werden diverse Lebensmittel, die einen hohen FODMAP-Gehalt aufweisen, konsumiert. Dabei ist es das Ziel, die jeweils individuelle Verträglichkeit der einzelnen Lebensmittel auszutesten. Hierzu wird ein ausgewähltes Lebensmittel für drei bis vier Tage konsumiert, das einen hohen FODMAP-Anteil aufweist. Auf diese Weise kann herausgefunden werden, in welcher Menge das jeweilige Lebensmittel vom Körper vertragen wird. Richtwerte gibt es hierzu nicht, da sich die Verträglichkeit individuell unterscheiden kann. Im Anschluss daran (etwa eine Woche später) wird ein weiteres Lebensmittel auf seine Verträglichkeit hin untersucht. Lebensmittel, die sich in diesem Rahmen als Auslöser für Beschwerden herauskristallisieren, sollten zukünftig vermieden werden.

In der dritten Phase der Ernährung nach FODMAP geht es darum, dass Betroffene langfristig zu einer individuellen Ernährungsweise finden. Das heißt, durch die Kategorisierung der unterschiedlichen Lebensmittel in verträgliche und unverträgliche Lebensmittel soll eine abwechslungsreiche und ausgewogene Ernährungsweise gefunden werden, die langfristig umgesetzt werden kann.

Besonders geeignet ist diese Ernährungsweise dabei für Menschen, die aufgrund ihres Reizdarmsyndroms unter Blähungen oder breiigem Stuhl oder Durchfall leiden. Häufig gehen diese Beschwerden mit Bauchschmerzen und Krämpfen einher.

Auch wenn die FODMAP-Diät das Reizdarmsyndrom nicht heilen kann, so trägt sie doch maßgeblich dazu bei, dass sich die Beschwerden der Betroffenen spürbar verbessern.

WAS IST ERLAUBT, WAS IST VERBOTEN?

Neben der Möglichkeit, verschiedene Lebensmittel auf ihre Verträglichkeit hin auszuprobieren, existieren darüber hinaus FODMAP-Listen, die Lebensmittel anhand ihres FODMAP-Gehalts in FODMAP-arme und FODMAP-reiche Lebensmittel kategorisieren. Der Gehalt dieser Lebensmittel wurde dabei in sorgfältigen Laboranalysen ermittelt. Folgende Lebensmittel können anhand der Laboranalysen gelistet werden:

Lebensmittel-kategorie	FODMAP-arme Lebensmittel	FODMAP-reiche Lebensmittel
	Geeignet für den Verzehr	Ungeeignet für den Verzehr (Verzehr in Maßen)
Gemüse	Auberginen Bohnen Brokkoli Chinakohl Fenchel Frühlingszwiebel Grünkohl Gurke Ingwer	Artischocke Champignons grüne Erbsen Lauch (weißer Teil) Spargel Wirsing Zuckermais Zuckerschoten

	Kartoffel Kichererbsen Kohlrabi Kürbis Lauchzwiebel Mangold Möhren Oliven Pak Choi Paprika Pastinaken Radieschen Rettich Rosenkohl Salate Spinat Sprossen Tomaten Zucchini	
Früchte	Ananas Banane (unreif) Beeren Blaubeeren Cantaloupe Clementinen Erdbeeren Grapefruit Himbeeren Honigmelone Kiwi (grün) Limette Mandarinen Orangen Papaya	Äpfel Apfelsaft Birnen Fruchtsäfte Kirschen Mango Nektarinen Obstkonserven Pfirsiche Pflaumen Trockenfrüchte Wassermelone

	Passionsfrucht Pomelo Rhabarber Weintrauben Zitrone	
Milchprodukte und Alternativen	Brie/Camembert Butter Cheddar Feta Hartkäse laktosefreie Milch laktosefreier Joghurt Mandelmilch Mozzarella Parmesan Sojamilch	Buttermilch Eiscreme Kondensmilch Kuhmilch Mascarpone Pudding Sahne Sauerrahm
Getreideprodukte	Amaranth Buchweizen Chiasamen Dinkel (Verträglichkeit ist individuell unterschiedlich) Dinkelsauerteig Flohsamen glutenfreies Getreide Hafer Haferkleie Hirse Mais Mehle, die aus den hier gelisteten Zutaten hergestellt sind Nudeln aus Quinoa, Reis oder Mais Pfeilwurzelmehl	Brot und Brötchen auf Weizenbasis (Roggen, Gerste) Frühstückszerealien Kekse

	Polenta Quinoa Reis Tapioka Tempeh Tofu weizen- und gerstenfreie Brote Wildreis	
Nüsse und Samen (in geringen Mengen bis 15 g)	Erdnüsse Haselnüsse Kürbiskerne Macadamianüsse Mandeln Sesam Sonnenblumenkerne Walnüsse	Cashewnüsse Pistazien
Süßigkeiten und Süßungs-mittel	Ahornsirup Glukose Reissirup Zartbitterschokolade	Glucose-Fructose-Sirup Honig Maissirup
Eier, Fisch, Fleisch und protein-haltige Lebensmittel	Eier Geflügel Hackfleisch ohne Zusätze Lamm magere Fleischsorten Meeresfrüchte Rind Schwein Truthahn unverarbeiteter Fisch (frisch oder TK) unverarbeitetes Fleisch	Hülsenfrüchte mariniertes Fleisch verarbeitete Fleischsorten

Fette und Öle	Butter Margarine Olivenöl Pflanzenöle	Öle und Fette mit Meerrettich-zusätzen
Soßen, Gewürze, Kräuter	Essig Fischsoße Ingwer Petersilie Schnittlauch Senf Sojasoße	Meerrettich Schalotten Wasabi Zwiebel
Getränke	Grüntee Koffeinfreier Kaffee Kräutertees Pfefferminztee Schwarztee Ungesüßte Säfte (FODMAP-arme Früchte) Zuckerfreier Kakao	Alkohol im Allgemeinen Bier (mehr als ein Glas) Fencheltee Likör Portwein Rum Wein

Grundsätzlich sei in Bezug auf die oben angeführte Liste jedoch erwähnt, dass sie in Abhängigkeit zur jeweiligen Verträglichkeit der Betroffenen zu betrachten ist. Das heißt, dass auch Lebensmittel, die einen FODMAP-reichen Gehalt aufweisen, individuell vertragen werden können. Ebenso können gegen FODMAP-arme Lebensmittel Unverträglichkeiten bestehen, sodass es nicht möglich ist, eine allgemeine Aussage über die Verträglichkeit vorzunehmen. Es ist daher ein unverzichtbarer Bestandteil der Ernährungsweise nach FODMAP, alle konsumierten Lebensmittel auf ihre Verträglichkeit hin zu überprüfen, um herauszufinden, welche Nahrungsbestandteile Sie vertragen und welche Sie aufgrund einer schlechten Bekömmlichkeit meiden sollten.

Auf einen Blick – Das sollten Sie grundsätzlich für eine darmfreundliche Ernährung beachten:

- Essen Sie in Ruhe und nehmen Sie sich hierzu Zeit.
- Kauen Sie Ihre Nahrung ausreichend, da die Verdauung bereits im Mund beginnt.
- Hören Sie auf Ihren Körper und achten Sie darauf, wann Ihr Sättigungsgefühl eintritt (meist nach 20 Minuten).
- Essen Sie regelmäßig und dafür häufiger. Auf diese Weise erhält der Darm mehr Ruhephasen.
- Sorgen Sie für ausreichend Flüssigkeit, indem Sie genug trinken.
- Achten Sie darauf, dass Ihre Speisen weder zu kalt noch zu heiß sind.
- Verzehren Sie am Abend keine Rohkost.
- Achten Sie darauf, dass Ihre Nahrung nicht zu sehr gewürzt ist.
- Versorgen Sie sich ausgewogen und abwechslungsreich mit Nahrung.

Frühstück

PANCAKES MIT BLAUBEEREN UND AHORNSIRUP

 1 Port.

 45 Min.

 Leicht

Zutaten

75 ml Hafermilch
28 g Kokosjoghurt
¾ EL Reissirup
eine Prise Salz
63 g Buchweizenmehl
½ TL Backpulver
75 g Blaubeeren (tiefgekühlt oder frisch)
½ EL Ahornsirup

Nährwerte p. P.

442 kcal
31 g Kohlenhydrate
42 g Fett
8 g Eiweiß

1 Gießen Sie zunächst die Hafermilch zusammen mit dem Kokosjoghurt in eine Schüssel. Dann geben Sie den Reissirup, das Salz, das Mehl sowie das Backpulver hinzu. Anschließend vermischen Sie die Zutaten gründlich. Bevor Sie den Teig verarbeiten können, lassen Sie ihn für 30 Minuten ruhen.

2 Während der Teig ruht, können Sie die Blaubeeren waschen und für den Verzehr vorbereiten.

3 Anschließend erhitzen Sie eine Pfanne. Hierbei verzichten Sie auf Öl. Damit die Pancakes nicht anbraten, sollten Sie darauf achten, eine beschichtete Pfanne zu verwenden. Hat die Pfanne ihre Temperatur erreicht, geben Sie für jeden Pancakes etwa 2 EL in die Pfanne (je nachdem, wie groß Ihre Pancakes werden sollen).

4 Im Anschluss geben Sie auf den Teig beliebig viele Blaubeeren. Wenn Ihr Pancake kleine Bläschen wirft, können Sie ihn in der Pfanne wenden. Ist der Pancake auch auf der zweiten Seite goldbraun, können Sie die Pancakes auf einem Teller schichten.

5 Nachdem Sie alle Pancakes geschichtet haben, können Sie die Pancakes mit den übrigen Blaubeeren und mit Ahornsirup verzieren.

Tipp: Durch die Verwendung von Buchweizenmehl eignet sich dieses Rezept auch für Menschen, die unter einer Zöliakie oder Glutenunverträglichkeit leiden, da Buchweizen ein sogenanntes ‚Pseudogetreide' ist und zu der Familie der Knöterichgewächse zählt.

TOFUWURST MIT ALLERLEI

1 Port.

45 Min.

Leicht

Zutaten

75 g Kirschtomaten
63 g Champignons
¾ EL Olivenöl
¾ EL Salz
¾ EL schwarzer Pfeffer
63 g Bohnen
¼ TL Zucker
½ EL Tomatenmark
50 g gestückelte Tomaten
½ TL Sojasoße
¼ TL Balsamico-Essig
1 Tofu/Soja-Wurst
1 Ei
1 TL (4 g) Kräuterbutter
¼ Tasse Jungzwiebeln (grüner Anteil)

Nährwerte p. P.

290 kcal
23 g Kohlenhydrate
18 g Fett
11 g Eiweiß

1 Zunächst waschen Sie das Gemüse. Dann putzen Sie die Champignons und zerkleinern sowohl die Tomaten als auch die Champignons.

2 Anschließend bestreichen Sie eine Auflaufform mit ¼ EL Öl. Dann wird die Auflaufform mit den zerkleinerten Champignons sowie den Tomaten belegt. Dann würzen Sie das Gemüse mit Salz und Pfeffer und geben die Auflaufform für ungefähr 25 Minuten in den Ofen (180 °C bei Ober-/Unterhitze; 160 °C bei Umluft).

3 Im nächsten Schritt waschen Sie die Bohnen, bevor Sie anschließend in einem Topf ½ EL Öl mit Zucker, Tomatenmark sowie den gestückelten Tomaten auf mittlerer Hitze erwärmen. Anschließend geben Sie unter stetigem Rühren die Sojasoße, die Gewürze, den Essig sowie die Bohnen hinzu und lassen diese zusammen mit den anderen Zutaten für weitere 5 bis 7 Minuten köcheln.

4 Die Würstchen braten Sie dann im Nachgang in einer Pfanne mit wenig Öl von allen Seiten.

5 In einer weiteren Pfanne braten Sie in der Kräuterbutter ein Spiegelei. Sobald alles gebraten ist, können Sie die einzelnen Bestandteile auf dem Teller anrichten und mit den zerkleinerten Jungzwiebeln verzieren.

Tipp: Das Rezept eignet sich auch für eine vegetarische oder vegane Lebensweise.

HAFER-PORRIDGE MIT FRÜCHTEN UND JOGHURT

1 Port.

15 Min.

Leicht

Zutaten

30 g Haferflocken
180 ml laktosefreie Milch
1 EL Chiasamen
etwas Vanille
1 EL Zucker
½ Banane
50 g Erdbeeren
150 g laktosefreier Joghurt

Nährwerte p. P.

500 kcal
60 g Kohlenhydrate
15 g Fett
18 g Eiweiß

1 Damit Sie das Porridge am nächsten Tag zum Frühstück verzehren können, bereiten Sie einige Zutaten bereits am Vorabend vor. Hierzu verrühren Sie in einer Schüssel die Haferflocken zusammen mit der Milch, den Chiasamen, der Vanille sowie dem Zucker und stellen sie kalt.

2 Schneiden Sie die Banane klein und waschen Sie die Erdbeeren.

3 Am Morgen verzieren Sie Ihr Porridge mit der Banane, den Erdbeeren sowie dem Joghurt.

4 Wollen Sie das Rezept etwas variieren, können Sie Ihr Porridge zusätzlich mit Walnüssen oder Heidelbeeren abwandeln. Zudem können Sie wählen, ob Sie die eingeweichten Haferflocken kalt oder warm verzehren wollen.

Tipp: Haferflocken eignen sich aufgrund ihres hohen Gehalts an Ballaststoffen und Mineralstoffen besonders gut für die Ernährung bei Reizdarm.

OMELETT MAL ANDERS

1 Port.

20 Min.

Leicht

Zutaten

3 Eier
½ EL Olivenöl
30 g Spinatblätter
30 g rote Paprika
30 g gewürfelte Tomaten
30 g schwarze Oliven
Petersilie
1 Kiwi
Salz, Pfeffer

Nährwerte p. P.

1169 kcal
162 g Kohlenhydrate
20 g Fett
41 g Eiweiß

1 Schneiden Sie die Paprika in kleine Stücke. Dann erhitzen Sie zunächst ½ EL Olivenöl in einer Pfanne und geben die Paprika für ungefähr 3 Minuten hinzu.

2 Dann geben Sie den Spinat, die Oliven sowie die Tomaten hinzu und erhitzen die Zutaten so lange, bis der Spinat eine weiche Konsistenz aufweist.

3 Anschließend entnehmen Sie den Pfanneninhalt und erhitzen die leere Pfanne erneut. Parallel schlagen Sie die Eier und geben die geschlagene Masse in die Pfanne.

4 Wenn das Omelett gar ist, geben Sie das Gemüse auf eine Hälfte des Omeletts und würzen es, bevor Sie es im Anschluss zuklappen.

5 Dann richten Sie das Omelett auf einem Teller an und reichen hierzu eine Kiwi. Diese schälen Sie im Vorfeld und schneiden sie klein. Zur Verzierung können Sie die Petersilie über das Omelett geben.

Tipp: Der Verzicht auf Getreide reduziert die Zufuhr an Ballaststoffen. Vor allem, weil der Darm bei einem Reizdarmsyndrom auf zu viel Ballaststoffe reagieren kann, ist dieses Frühstück besonders FODMAP-arm.

MÜSLITRAUM MIT SCHOKOLADE

 1 Port.

 15 Min.

 Leicht

Zutaten

100 g Haferflocken (alternativ: Quinoaflocken)
60 g Puffreis
10 g gehackte Sonnenblumenkerne (alternativ Kürbiskerne)
10 g Kokosraspel
1 EL Kakao
1 EL brauner Zucker
1 EL Ahornsirup
1 EL Olivenöl
10 g gehackte Bitterschokolade
Salz

Nährwerte p. P.

1144 kcal
125 g Kohlenhydrate
51 g Fett
27 g Eiweiß

1 Heizen Sie den Ofen auf 120 °C Ober- /Unterhitze oder 100 °C Umluft vor. Parallel geben Sie alle trockenen Zutaten, außer die Schokolade und das Salz, in eine Schüssel und vermischen sie.

2 Anschließend verquirlen Sie das Olivenöl mit dem Ahornsirup. Je nach Wunsch können Sie hier zur Verfeinerung etwas Zimt oder Vanille hinzugeben.

3 Dann geben Sie den Mix über die trockenen Zutaten und vermischen alles erneut.

4 Im Anschluss verteilen Sie die Masse auf einem Blech, das Sie mit Backpapier ausgelegt haben, und backen diese für 20 Minuten (180 °C bei Ober-/Unterhitze; 160 °C bei Umluft).

5 Danach öffnen Sie den Ofen und vermischen die Zutaten erneut, bevor Sie die Masse für weitere 15 Minuten backen.

6 5 Minuten vor Ende der Backzeit bestreuen Sie die Masse mit ein wenig Salz und Schokoladenstückchen und backen sie für weitere 5 Minuten.

Tipp: Die Haferflocken können besonders gut durch beispielsweise Quinoaflocken ersetzt werden. Quinoaflocken werden aus Quinoasamen hergestellt. Sie sind von Natur aus glutenfrei und eignen sich daher auch für Personen, die unter Glutenunverträglichkeit oder Zöliakie leiden. Sie sind ebenso wie Haferflocken reich an Ballaststoffen und enthalten viele Vitamine und Mineralstoffe. Zudem lassen Sie sich gut zu Brei verarbeiten.

RÜHREI

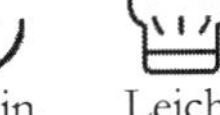

1 Port. 15 Min. Leicht

Zutaten

2 Eier
50 ml Hafermilch
1 Prise Salz
1 Prise Pfeffer
1 TL Olivenöl
¼ Tasse Jungzwiebeln

Nährwerte p. P.

271 kcal
280 g Kohlenhydrate
19 g Fett
14 g Eiweiß

1 Zunächst waschen Sie die Jungzwiebeln und zerkleinern sie in Ringe.

2 Dann schlagen Sie die Eier in einer Schüssel auf und würzen diese mit Salz und Pfeffer nach Belieben. Nach dem Würzen geben Sie die Milch hinzu.

3 Im Anschluss erhitzen Sie das Olivenöl in einer Pfanne. Hierzu geben Sie die Masse vollständig hinein und lassen das Ei unter ständigem Rühren stocken.

4 Danach können Sie das Ei auf einen Teller geben. Zum Verzieren können Sie die restlichen Jungzwiebeln darübergeben.

Tipp: Für eine vegane Ernährungsweise kann auf Eiersatz für die Zubereitung des Rezepts zurückgegriffen werden.

HAFERFRÜHSTÜCK

1 Port.

15 Min.

Leicht

Zutaten

80 g Haferflocken
10 g Heidelbeeren (tiefgefroren)
150 ml kochendes Wasser
1 EL Leinöl
3 EL laktosefreie Milch (alternativ: Mandelmilch, Reismilch)
1 EL Ahornsirup

Nährwerte p. P.

469 kcal
60 g Kohlenhydrate
17 g Fett
21 g Eiweiß

1 Zunächst geben Sie die Heidelbeeren in eine Schüssel und verteilen darauf die Haferflocken.

2 Anschließend übergießen Sie die Haferflocken mit kochendem Wasser und lassen die Masse ziehen, bis die Haferflocken aufgequollen sind.

3 Im Anschluss geben Sie die restlichen Zutaten hinzu.

Tipp: Mengen der Toppings können nach Belieben variiert werden.

Brote und Brotaufstriche

HAFER-BANANEN-BROT

1 Brot

2 Std.

Leicht

Zutaten

100 g brauner Zucker
100 g weiche (laktosefreie) Butter
3 Eier
250 g Dinkelmehl des Typs 1050
100 g zarte Haferflocken
1 TL Backpulver
3 Bananen
100 ml laktosefreie Milch (alternativ: vegane Milch)
Salz

Nährwerte p. P.

154 kcal
23 g Kohlenhydrate
7 g Fett
4 g Eiweiß

1 Zu Beginn schlagen Sie die Butter zusammen mit dem braunen Zucker schaumig. Anschließend fügen Sie die Eier hinzu.

2 Dann werden die Bananen mit der Milch in einer weiteren Schüssel zerkleinert, bis ein Mus entsteht. Danach vermischen Sie das Mehl mit dem Backpulver, den Haferflocken sowie etwas Salz und heben alle Zutaten unter.

3 Haben Sie alle Zutaten miteinander vermischt, füllen Sie die Masse in eine gefettete Kastenform, bevor Sie diese im Anschluss für 90 Minuten in den Backofen geben (180 °C bei Ober-/Unterhitze; 160 °C bei Umluft).

Tipp: Das Bananenbrot kann sowohl zum Frühstück als auch als Mittagssnack zu Tee oder Kaffee genossen werden.

SAFTIGES HAFERBROT

1 Brot

55 Min.

Leicht

Zutaten

250 g Sojaquark (alternativ: laktosefreier Quark)
70 g glutenfreie Haferflocken
70 g glutenfreie Haferkleie
50 g Leinsamenmehl
50 ml Wasser
13 g Flohsamenschalenpulver
9 g Backpulver
1 Ei
⅛ TL Salz

Nährwerte p. P.

66 kcal
5 g Kohlenhydrate
1 g Fett
2 g Eiweiß

1 Heizen Sie den Backofen auf 170 °C Ober-/Unterhitze oder 150 °C Umluft vor.

2 Dann geben Sie alle Zutaten zusammen und mixen diese zu einem Teig. Hierzu können Sie auch ein Knetgerät verwenden.

3 Nachdem Sie den Teig geknetet haben, geben Sie den Teig auf ein mit Backpapier ausgelegtes Blech. Dort formen Sie ihn zu einem Brotlaib.

4 Im Anschluss wird der Teig für ungefähr 45 Minuten im Ofen gebacken (180 °C bei Ober-/Unterhitze oder 160 °C bei Umluft).

Tipp: Da das Brot glutenfrei und laktosefrei ist, kann es problemlos bei Glutenunverträglichkeit sowie Laktoseintoleranz verzehrt werden.

PAPRIKA-WALNUSS-AUFSTRICH

 4 Port.  40 Min. Leicht

Zutaten

2 rote Paprika
70 g Walnüsse
1 EL Tomatenmark
1 EL Hanföl
½ Lauchzwiebel
½ TL Paprikapulver
½ TL Kreuzkümmel
etwas Zitronensaft
Salz, Pfeffer

Nährwerte p. P.

728 kcal
6 g Kohlenhydrate
14 g Fett
4 g Eiweiß

1 Halbieren Sie die Paprika und befreien Sie diese von den Kernen. Legen Sie die Paprika im Anschluss auf ein Backblech und backen Sie diese für 10 bis 15 Minuten bei 180 °C Ober-/Unterhitze (oder bei 160 °C Umluft).

2 Wenn die Schale der Paprika Blasen wirft, ist dies ein Indiz dafür, dass Sie sie aus dem Backofen entnehmen können. Entnehmen Sie dann das Backblech und legen Sie die Paprika in eine Schale, die Sie mit einem feuchten Tuch oder einer Folie abdecken.

3 Lassen Sie die Paprika für 10 Minuten auskühlen. In der Zwischenzeit hacken Sie die Walnüsse und zerkleinern die Lauchzwiebel.

4 Nach dem Auskühlen lösen Sie die Schale von den Paprika und geben Sie zusammen mit den Walnüssen, den Lauchzwiebeln, dem Öl, dem Tomatenmark, den Gewürzen sowie dem Zitronensaft in ein Gefäß, in dem Sie die Zutaten pürieren können.

5 Schmecken Sie den fertig pürierten Brotaufstrich mit Salz und Pfeffer ab.

Tipp: Den Aufstrich können Sie für wenige Tage im Kühlschrank aufbewahren.

VEGANE SCHOKOCREME

4 Port.

10 Min.

Leicht

Zutaten

130 g Kichererbsen (aus der Dose)
40 g Mandeln (ganz)
25 g Kakaopulver (ohne Zucker)
25 ml Ahornsirup
80 ml Sojamilch (oder pflanzliche Alternativen)

Nährwerte p. P.

150 kcal
5 g Kohlenhydrate
5 g Fett
11 g Eiweiß

1 Geben Sie die Kichererbsen in ein Sieb und spülen Sie diese mit Wasser ab. Lassen Sie sie ausreichend abtropfen.

2 Zerkleinern Sie die Mandeln in einem Mixer oder mit einem Mörser.

3 Wenn die Mandeln ausreichend gemahlen wurden, vermischen Sie alle Zutaten zu einer homogenen Masse (entweder in einem Mixer oder mit der Hand).

4 Wenn die Creme während des Vermischens zu fest wird, kann die Konsistenz mithilfe von Pflanzenmilch beeinflusst werden.

5 Für die Süße können Sie der Creme Ahornsirup hinzufügen.

Tipp: Je stärker Sie die Mandeln zerkleinern, desto cremiger wird die vegane Schokocreme. Wenn Sie weder über einen Mörser noch über einen Mixer verfügen, können Sie alternativ auf bereits gemahlene Mandeln zurückgreifen.

FODMAP-BROT

1 Brot

5 Std. 55 Min.

Leicht

Zutaten

500 g Bio-Dinkel-Vollkornmehl
350 g Kartoffeln (auch gekochte Kartoffeln vom Vortag können genutzt werden)
1 Packung Trockenhefe
1 EL Olivenöl
1 TL Salz
260 ml lauwarmes Wasser

Nährwerte p. P.

102 kcal
19 g Kohlenhydrate
0 g Fett
3 g Eiweiß

1 Kochen Sie die Kartoffeln und lassen Sie sie auskühlen. Nach dem Auskühlen schälen Sie die Kartoffeln, geben sie in eine Schüssel und pürieren sie mit einem Pürierstab.

2 Im Anschluss vermischen Sie das Mehl, das Salz und die Trockenhefe miteinander. Dann geben Sie das Olivenöl sowie das Wasser hinzu und vermischen alles miteinander. Im letzten Schritt geben Sie die Kartoffeln hinzu und kneten die Zutaten zu einem homogenen Teig.

3 Nach dem Kneten lassen Sie den Teig bei 30 °C im Ofen gehen (im Sommer können Sie den Teig in der Sonne abgedeckt gehen lassen). Für diesen Vorgang sollten Sie etwa zwei Stunden einplanen. Grundsätzlich gilt bei Reizdarm: Je länger der Teig gehen kann, desto besser für die Betroffenen.

4 Im Anschluss kneten Sie den Teig erneut durch, bevor Sie ihn im Anschluss in eine leicht gefettete Backform geben. Diese decken Sie im Anschluss mit einem feuchten Tuch ab und lassen den Teig erneut für 30 Minuten im warmen Ofen gehen.

5 Danach nehmen Sie die Backform erneut aus dem Ofen und heizen diesen auf die Backtemperatur vor (180 °C bei Ober-/Unterhitze oder 160 °C bei Umluft).

6 Nachdem der Backofen die Backtemperatur erreicht hat, wird das Brot für 40 bis 45 Minuten gebacken (180 °C bei Ober-/Unterhitze oder 160 °C bei Umluft).

Tipp: Das Brot eignet sich für den Verzehr bei einer veganen Lebensweise.

DINKELWEISSBROT

1 Brot

8 Std.
5 Min.

Leicht

Zutaten

500 g Dinkelmehl des Typs 630
300 ml lauwarmes Wasser
6 bis 7 g frische Hefe
1 Prise Zucker
30 g weiche Butter
1 TL Salz

Nährwerte p. P.

136 kcal
24 g Kohlenhydrate
36 g Fett
2 g Eiweiß

1 Für die Zubereitung des Teigs vermischen Sie zunächst alle Zutaten miteinander. Hierzu geben Sie die Hefe, den Zucker und die Butter in das Wasser und verrühren alles so, dass sich die Zutaten auflösen. Dann geben Sie das Mehl zusammen mit dem Salz in eine Schüssel und vermischen diese Zutaten mit den anderen Zutaten.

2 Anschließend geben Sie den Teig in eine Schüssel, decken ihn mit einem Deckel ab und stellen ihn in den Kühlschrank. Dort darf der Teig für mindestens 8 Stunden gehen.

3 Nach Ablauf der Zeit wird der Teig erneut durchgeknetet. Im Anschluss geben Sie den Teig in eine leicht gefettete Kastenform, die Sie mit einem Tuch abdecken. Nun darf der Teig für eine weitere Stunde (zum Beispiel im Backofen bei 30 °C) für etwa eine Stunde gehen.

4 Nachdem Sie den Teig entnommen haben, heizen Sie den Ofen auf Backtemperatur vor (260 °C bei Ober-/Unterhitze oder 240 °C bei Umluft).

5 Hat der Ofen die Backtemperatur erreicht, backen Sie das Brot für etwa 10 Minuten. Dann stellen Sie die Backtemperatur auf 200 °C Ober-/Unterhitze oder 180 °C Umluft herunter. Auf dieser Temperatur lassen Sie das Brot dann für weitere 30 Minuten backen. Etwa zwei bis drei Minuten nach dem Entnehmen aus dem Ofen stürzen Sie das Brot und lassen es auf einem Gitter abkühlen.

Tipp: Bei Schwierigkeiten mit Dinkelmehl kann dieses durch glutenfreie Alternativen ausgetauscht werden.

SAFTIGES KNÄCKEBROT

1 Blech

1 Std. 20 Min.

Leicht

Zutaten

600 g Kernmischung (Kürbiskerne, Sonnenblumenkerne, Flohsamen, Chiasamen, Leinsamen, Sesam)
1 TL Salz
3 EL Flohsamenschalenpulver
400 ml heißes Wasser

Nährwerte p. P.

190 kcal
3 g Kohlenhydrate
11 g Fett
6 g Eiweiß

1 Zunächst vermischen Sie die Samen mit dem Salz und dem Flohsamenschalenpulver. Dann geben Sie das heiße Wasser hinzu und vermischen die Zutaten zügig.

2 Die Masse verteilen Sie im Anschluss auf einem mit Backpapier ausgelegten Backblech.

3 Im Anschluss backen Sie den Teig bei 200 °C Ober-/Unterhitze (oder 180 °C Umluft) für 15 Minuten, bevor Sie das Blech kurz entnehmen.

4 Dann wird der vorgebackene Teig mithilfe eines Pizzarollers oder eines Messers in die gewünschte Form zerteilt.

5 Anschließend darf das Knäckebrot für etwa eine Stunde bei 150 °C Ober-/Unterhitze (oder 130 °C Umluft) weiter trocknen. Die Zeit ist dabei abhängig vom jeweiligen Ofen.

Tipp: Die Kernmischung kann nach Belieben und Verträglichkeit angepasst werden.

LOW-CARB-FLOHBRÖTCHEN

6 Brötchen | 1 Std. | Leicht

Zutaten

3 Eiweiß
1 Prise Salz
150 g Mandelmehl
25 g Flohsamenschalen
2 TL Backpulver
250 ml kochendes Wasser
Sonnenblumenkerne, Kürbiskerne und Sesam zur Verzierung nach Belieben

Nährwerte p. P.

180 kcal
3 g Kohlenhydrate
14 g Fett
9 g Eiweiß

1 Zunächst heizen Sie den Backofen auf 170 °C Ober-/Unterhitze vor (150 °C bei Umluft).

2 Dann schlagen Sie das Eiweiß so, dass es steif wird. Anschließend rühren Sie das Salz ein und schlagen das Eiweiß erneut. Im nächsten Schritt vermischen Sie das Mandelmehl, die Flohsamenschalen und das Backpulver in einer Schüssel.

3 Im Anschluss heben Sie das Eiweiß unter und geben das kochende Wasser Schritt für Schritt hinzu. Hierbei achten Sie darauf, dass Sie ständig rühren, bis eine breiartige Masse entsteht.

4 Aus der Masse formen Sie dann mit leicht feuchten Händen sechs Brötchen, die Sie auf einem mit Backpapier belegten Bachblech auslegen. Bei Bedarf verzieren Sie die Brötchen mit Kernen.

5 Dann können Sie die Brötchen für 45 Minuten in den Ofen geben (170 °C bei Ober-/Unterhitze oder 150 °C bei Umluft).

Tipp: Sind die Brötchen abgekühlt, lassen sie sich gut einfrieren und können dann bei Bedarf erneut aufgebacken werden.

BRÖTCHEN AUS HIRSE UND MÖHREN

4 Port. | 1 Std. 25 Min. | Leicht

Zutaten

40 g Hirse
30 g Buchweizen
40 g Möhren
25 g Haferflocken
110 ml Wasser
etwas Salz
10 g Sonnenblumenkerne
5 g Leinsamen
5 g Sesam
3 g Flohsamenschalen
3,4 g Backpulver
5 g Olivenöl

Nährwerte p. P.

532 kcal
18 g Kohlenhydrate
3 g Fett
3 g Eiweiß

1 Zunächst schneiden Sie die Möhren grob, bevor Sie diese mit einem Mixer zerkleinern oder reiben. Dann zerkleinern Sie die Hirse sowie die Buchweizenkörner in einem Mixer oder einem Mörser. Im Anschluss vermischen Sie alle trockenen Zutaten miteinander.

2 Dann formen Sie die Möhren zusammen mit dem Öl und etwas Wasser zu einem Brötchenteig. Hierbei sollten Sie darauf achten, dass der Teig nicht zu fest wird. Die geformten Brötchen geben Sie im Anschluss auf ein Backblech und ritzen die Brötchen mit einem Messer an der Oberseite leicht ein.

3 Anschließend heizen Sie den Ofen auf 200 °C Ober-/Unterhitze (180 °C Umluft) vor. Hat der Ofen die gewünschte Temperatur erreicht, werden die Brötchen für 25 Minuten gebacken. Danach verringern Sie die Temperatur auf 180 °C Ober-/Unterhitze (160 °C Umluft) und backen die Brötchen für weitere 15 Minuten.

Tipp: Die Getreidesorten können individuell nach Verträglichkeit angepasst werden.

TOASTBROT

1 Brot

1 Tag

Leicht

Zutaten

500 g Bio-Dinkelmehl des Typs 630
5 g frische Hefe
300 ml lauwarmes Wasser
8 g Salz
10 g Butter

Nährwerte p. P.

49 kcal
9 g Kohlenhydrate
0 g Fett
0 g Eiweiß

1 Dieses Brot bereiten Sie am Vorabend zu. Hierzu geben Sie das Wasser in eine Schüssel und lösen die Hefe darin auf.

2 Dann fügen Sie Mehl, Salz und Butter hinzu und verkneten alle Zutaten miteinander.

3 Die Masse decken Sie im Anschluss mit Frischhaltefolie ab und lassen den Teig für 8 bis 12 Stunden im Kühlschrank stehen. Hierbei sollten Sie darauf achten, dass sich der Teig in seiner Masse deutlich vergrößert hat, wenn Sie ihn weiter verarbeiten.

4 Ist der Teig über Nacht im Kühlschrank gewesen, stürzen Sie ihn am nächsten Morgen auf ein Brett, das Sie vorher bemehlen. Dann kneten Sie den Teig und platzieren ihn in einer Kastenform, die Sie zuvor bemehlen.

5 Im Anschluss darf der Teig erneut in der Form ruhen, bis sich sein Volumen verdoppelt hat.

6 Dann pinseln Sie den Teig mit Wasser ein und heizen den Ofen auf 200 °C Ober- /Unterhitze vor (180 °C bei Umluft).

7 Das Brot wird dann auf der unteren Schiene des Backofens für ungefähr 40 Minuten gebacken, bevor es nach dem Backen auf ein Kuchengitter gestürzt wird und dort auskühlen kann.

Tipp: Auch wenn Dinkelmehl nicht unbedingt zu den FODMAP-armen Lebensmitteln zählt, kann die Verträglichkeit aufgrund der langen Gärzeit verbessert werden. Alternativ kann das Getreide ausgetauscht werden.

Salate

KÜRBISSALAT MIT FETA

4 Port. 45 Min. Leicht

Zutaten

600 g Butternuss-Kürbis
Salz, Pfeffer
2 EL Olivenöl
10 g Minze
100 g Feta
1 EL Ahornsirup
1 EL Zitronensaft
1 EL Apfelessig

Nährwerte p. P.

148 kcal
6 g Kohlenhydrate
11 g Fett
5 g Eiweiß

1 Als Erstes schälen Sie den Kürbis und entkernen ihn. Anschließend schneiden Sie ihn in ungefähr 1,5 cm dicke Stücke und verteilen ihn auf einem mit Backpapier ausgelegten Backblech. Dann wird der Kürbis mit Salz und Pfeffer gewürzt und mit einem EL Öl versehen, bevor er bei 200 °C Ober-/Unterhitze (oder bei 180 °C Umluft) für 20 Minuten gegart wird.

2 Dann waschen Sie die Minze und zupfen die einzelnen Blättchen ab. Anschließend zerbröseln Sie den Feta.

3 Im nächsten Schritt wird der Kürbis mit Ahornsirup, Zitronensaft, Essig sowie dem übrigen Öl beträufelt. Dann würzen Sie alles und vermischen alle Zutaten auf dem Backblech.

4 Im Anschluss richten Sie den Kürbis auf Tellern an und bestreuen ihn mit Minze und Feta.

Tipp: Kürbis ist reich an sattmachenden Ballaststoffen. Er unterstützt die Verdauung und beeinflusst den Blutzucker- sowie den Cholesterinspiegel positiv.

BRATKARTOFFELSALAT

4 Port. 35 Min. Leicht

Zutaten

1 Dinkelbrötchen vom Vortag (alternativ: eine Brezel)
4 EL Rapsöl
Salz
3 EL Apfelessig
2 TL körniger Senf
Pfeffer
1 kg gegarte Pellkartoffeln (vom Vortag)
4 Eier
½ Bund Schnittlauch

Nährwerte p. P.

376 kcal
45 g Kohlenhydrate
15 g Fett
13 g Eiweiß

1 Als Erstes würfeln Sie das Brötchen und bräunen es bei mittlerer Hitze zusammen mit einem Esslöffel Öl in einer Pfanne.

2 Dann pellen Sie die Kartoffeln und schneiden diese in Scheiben. Anschließend braten Sie die Scheiben mit einem Esslöffel Öl für fünf bis sieben Minuten bei mittlerer Hitze an. Hierbei schwenken Sie die Pfanne von Zeit zu Zeit, damit die Kartoffeln gleichmäßig gebräunt werden. Danach würzen Sie die Scheiben mit Salz und Pfeffer.

3 In einer zusätzlichen Pfanne erhitzen Sie das restliche Öl, schlagen darin die Eier auf und braten diese zu Spiegeleiern. Dann würzen Sie sie mit Salz und Pfeffer.

4 Anschließend waschen Sie den Schnittlauch und schneiden ihn in feine Stücke. Die gebratenen Kartoffelscheiben lassen Sie dann kurz abkühlen. In dieser Zeit vermischen Sie den Senf, den Apfelessig sowie die Gewürze und den Schnittlauch zu einem Dressing, das Sie dann über die Kartoffelscheiben geben.

5 Abschließend richten Sie den Salat zusammen mit den Spiegeleiern an.

Tipp: Das in den Zutaten enthaltenen Vitamin C der Radieschen regt sowohl die Darmbewegung als auch den Stoffwechsel an.

REISSALAT MIT MOZZARELLA UND PINIENKERNEN

2 Port. 45 Min. Leicht

Zutaten

125 g Reis
8 EL Olivenöl
4 EL Balsamico-Essig
Salz, Pfeffer
4 EL Pinienkerne
1 Avocado
100 g Feldsalat (alternativ: Spinat oder Rucola)
4 Stängel Basilikum
4 Stängel Petersilie
1 Mozzarella

Nährwerte p. P.

1030 kcal
60 g Kohlenhydrate
78 g Fett
22 g Eiweiß

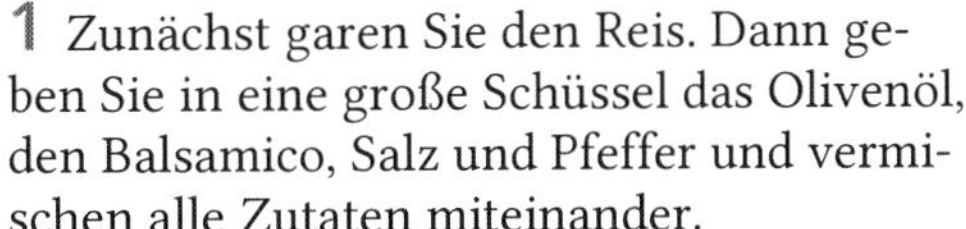

1 Zunächst garen Sie den Reis. Dann geben Sie in eine große Schüssel das Olivenöl, den Balsamico, Salz und Pfeffer und vermischen alle Zutaten miteinander.

2 Dann geben Sie den fertigen Reis hinzu, vermischen ihn mit der Salatsoße und lassen die Zutaten dann erneut ziehen, sodass sich die Aromen entfalten können.

3 Anschließend rösten Sie die Pinienkerne in einer Pfanne ohne Fett an. Hierbei sollten Sie darauf achten, die Pfanne durch Schütteln oder Umrühren in Bewegung zu halten.

4 Danach halbieren Sie die Avocado und entfernen den Kern. Im nächsten Schritt schälen Sie das Fruchtfleisch und schneiden es in Stücke. Im Anschluss waschen Sie den Salat und zerpflücken ihn. Zusätzlich würfeln Sie den Mozzarella.

5 Abschließend werden alle Zutaten miteinander vermischt und der Salat wird angerichtet. Nach Bedarf kann der fertige Salat mit Kräutern garniert werden.

Tipp: Für eine bessere Bekömmlichkeit sollte auf Vollkornreis zurückgegriffen werden.

QUINOASALAT MIT ROTER BETE

1 Port.

40 Min.

Leicht

Zutaten

100 g Quinoa
200 ml Wasser
2 Knollen Rote Bete
100 g Feldsalat
1 EL Zitronensaft
2 EL Olivenöl
1 TL Senf
Salz, Pfeffer

Nährwerte p. P.

458 kcal
76 g Kohlenhydrate
8 g Fett
21 g Eiweiß

1 Zunächst waschen Sie die Quinoa unter fließendem Wasser ab und kochen sie dann in 200 ml Wasser für etwa 10 Minuten. Dann verschließen Sie den Topf und lassen die Quinoa für weitere 10 Minuten quellen, bevor Sie im Anschluss das überschüssige Wasser abgießen.

2 Im Anschluss schneiden Sie die Rote Bete in Scheiben oder Würfel und geben sie zu der Quinoa.

3 Dann waschen Sie den Feldsalat, putzen ihn und verteilen ihn auf dem Teller.

4 Abschließend vermischen Sie den Zitronensaft mit dem Olivenöl, dem Senf, Salz und Pfeffer. Diese Mischung geben Sie dann über die restlichen Zutaten, die Sie im Anschluss auf dem Feldsalat verteilen.

Tipp: Den Feldsalat können Sie mit anderen saisonalen Salaten austauschen. Zudem können Sie den Salat mit Granatapfelkernen und Walnüssen anreichen oder nach Belieben Koriander hinzufügen.

SALAT MIT BROKKOLI UND HIRSE

1 Port.

30 Min.

Leicht

Zutaten

Für den Salat:
50 g Hirse
150 ml Gemüsebrühe
60 g Möhren
90 g Brokkoli
35 g Spinat
1 EL Pinienkerne

Für das Dressing:
3 EL Pesto (gekauft oder selbstgemacht)
1 EL Zitronensaft
1 Schuss Apfelessig
2 EL Olivenöl
Salz, Pfeffer

Nährwerte p. P.

594 kcal
84 g Kohlenhydrate
22 g Fett
29 g Eiweiß

1 Zunächst kochen Sie die Hirse zusammen mit der Gemüsebrühe auf und lassen sie für 10 Minuten köcheln.

2 Im Anschluss schälen Sie die Möhren, waschen den Brokkoli sowie den Spinat. Dann schneiden Sie alles in kleine Stücke.

3 Nun mischen Sie die Zutaten für das Pestodressing in einer Tasse zusammen. Anschließend füllen Sie die Hirse in eine Schüssel und geben das Dressing darüber. Dann verteilen Sie die Möhren sowie den Brokkoli darauf und bedecken die Zutaten mit Spinat.

4 Abschließend verteilen Sie die Pinienkerne darauf und richten den Salat an.

Tipp: Sollten Sie Rohkost nur schwer vertragen, können Sie das verwendete Gemüse dünsten und so für eine bessere Verträglichkeit sorgen.

MÖHRENSALAT

2 Port. 10 Min. Leicht

Zutaten

2 ½ EL Olivenöl
2 EL Sonnenblumenkerne
2 EL Kürbiskerne
1 EL Sesamöl
2 EL Apfelessig
1 TL Ahornsirup
½ TL Salz
Pfeffer
300 g Möhren

Nährwerte p. P.

479 kcal
5 g Kohlenhydrate
38 g Fett
6 g Eiweiß

1 Zunächst erhitzen Sie etwas Öl in der Pfanne. Dann geben Sie die Sonnenblumen- und Kürbiskerne hinzu und rösten diese.

2 Für die Zubereitung des Dressings geben Sie 2 EL Olivenöl mit dem Sesamöl, dem Apfelessig, dem Ahornsirup sowie Salz und Pfeffer zusammen und vermischen alles.

3 Dann schälen Sie die Möhren und reiben diese. Anschließend geben Sie das Dressing über die geraspelten Möhren.

4 Abschließend geben Sie die Kerne unter den Salat und richten ihn an.

Tipp: Möhren haben eine beruhigende Wirkung auf ein gereiztes Magen-Darm-System, sodass dieses Gericht auch in Phasen verzehrt werden kann, in denen die Symptome besonders akut sind.

KIMCHI-SALAT

4 Port.

45 Min.

Leicht

Zutaten

1 kleiner Chinakohl (etwa 800 g)
40 g Salz
200 ml Gemüsebrühe
2 EL Speisestärke
2 EL Kokosblütenzucker
1 Zwiebel
1 Knoblauchzehe
5 g Ingwer
2 EL rote Chiliflocken
2 EL Chilipaste
1 EL Fischsoße
200 g Rettich (alternativ: Radieschen)
1 Möhre
2 Frühlingszwiebeln
1 TL Sesam
Etwas Sesamöl

Nährwerte p. P.

235 kcal
44 g Kohlenhydrate
1 g Fett
1 g Eiweiß

1 Zunächst entfernen Sie den Strunk des Chinakohls. Dann vierteln Sie ihn und schneiden ihn in mundgerechte Stücke. Anschließend waschen Sie ihn, geben ihn in eine Schüssel und bestreuen ihn mit Salz. Anschließend vermischen Sie die Zutaten und lassen sie für etwa 30 Minuten ziehen.

2 Währenddessen geben Sie die Brühe zusammen mit der Speisestärke in einen Topf, vermischen beide Zutaten miteinander und kochen diese unter ständigem Rühren auf. Dabei sollte die Mischung andicken. Dann können Sie den Kokosblütenzucker einrühren und alles abkühlen lassen.

3 Anschließend schälen Sie die Zwiebel, den Knoblauch sowie den Ingwer und hacken alle Zutaten grob. Dann geben Sie die grob gehackten Zutaten in einen Mixer und pürieren sie. Alternativ können Sie hierzu einen Stabmixer verwenden.

4 In einer weiteren Schüssel vermischen Sie die Chilipaste zusammen mit der Fischsoße, den Chiliflocken sowie der aufgekochten Stärkemischung.

5 Im nächsten Schritt schälen Sie den Rettich sowie die Möhre, schneiden beides in Stifte und geben diese unter das Püree. Dann putzen Sie die Frühlingszwiebeln und wiederholen den Vorgang.

6 Dann werden alle Zutaten erneut miteinander vermischt. Im Anschluss geben Sie kaltes Wasser zum Chinakohl und waschen auf diese Weise das Salz aus. Nun wird der Chinakohl zu der Rettichmischung gegeben und alles miteinander vermischt.

7 Im letzten Schritt können Sie den Salat anrichten und mit Sesamöl und Sesam verfeinern.

Tipp: Für eine vegane Variante kann die Fischsoße durch Sojasoße ausgetauscht werden.

HÜTTENKÄSESALAT MIT GURKE UND CHERRYTOMATE

 1 Port.  15 Min.  Leicht

Zutaten

150 g Hüttenkäse
30 g Macadamianüsse
5 Cherry-Tomaten (alternativ: mittelgroße Rispentomaten)
4 EL Olivenöl
3 Radieschen
etwas Pfeffer
1 Frühlingszwiebel
1 EL Weißweinessig
1 EL Petersilie
½ EL Limettensaft
½ Salatgurke
etwas Salz

Nährwerte p. P.

680 kcal
13 g Kohlenhydrate
59 g Fett
21 g Eiweiß

1 Als Erstes halbieren Sie die Cherry-Tomaten. Dann schneiden Sie die Gurke in Scheiben. Nun werden die Frühlingszwiebel sowie die Radieschen in dünne Ringe zerteilt. Anschließend hacken Sie die Macadamianüsse in grobe Stücke und rösten diese kurz in einer Pfanne an.

2 Vermischen Sie dann das Olivenöl mit Salz, Pfeffer, Petersilie, dem Weißweinessig sowie dem Limettensaft zu einem Dressing.

3 Füllen Sie das Gemüse zusammen mit dem Hüttenkäse in eine Schüssel und vermischen Sie die Zutaten ausreichend. Dann geben Sie das Dressing darüber und verzieren den Salat mit den Macadamianüssen.

Tipp: Bei der Auswahl des Hüttenkäses sollten Sie darauf achten, dass Sie reinen Hüttenkäse ohne Geschmack wählen, da dieser keine zusätzlichen Zuckerstoffe enthält.

Suppen

MÖHRENSUPPE

4 Port. | 1 Std. 10 Min. | Leicht

Zutaten

500 g Möhren
1 Liter Wasser
1 TL Salz
etwas Wasser zur Verlängerung

Nährwerte p. P.

50 kcal
9 g Kohlenhydrate
0 g Fett
1 g Eiweiß

1 Waschen Sie die Möhren, schälen Sie sie und schneiden Sie sie klein.

2 Erhitzen Sie in einem Topf 1 Liter Wasser und bringen Sie das Gemüse darin zum Kochen. Den Kochvorgang setzen Sie dabei eine Stunde fort.

3 Danach pürieren Sie das Gemüse mit einem Stabmixer und füllen das pürierte Gemüse mit Wasser auf.

4 Schmecken Sie die Suppe mit Salz ab und servieren Sie sie.

Tipp: Zur Verfeinerung der Suppe können Sie Pinienkerne in einer Pfanne kurz anrösten und als Einlage nach dem Servieren auf die Teller geben.

KÜRBISSUPPE

2 Port. | 1 Std. 5 Min. | Leicht

Zutaten

600 g Hokkaido-Kürbis
200 g Möhren
250 ml Kokosmilch
10 g frischer Ingwer
400 ml Gemüsebrühe
5 g Kurkuma
150 g Orangen
Salz, Pfeffer
2 g gemahlener Kümmel
Petersilie
Muskatnuss

Nährwerte p. P.

1976 kcal
35 g Kohlenhydrate
32 g Fett
8 g Eiweiß

1 Waschen Sie den Kürbis und die Möhren und geben Sie diese im Ganzen auf das Backblech. Dann stellen Sie das Backblech bei 150 °C Ober-/Unterhitze (oder 130 °C Umluft) für 30 bis 40 Minuten in den Ofen.

2 Waschen Sie die Petersilie und hacken Sie diese. Reiben Sie den Ingwer und geben Sie ihn in den Topf. Dann schälen Sie die Orangen.

3 Nach dem Abkühlen von Kürbis und Möhren wird beides in Stücke geschnitten, die Kerne und der Strunk des Kürbisses werden entfernt. Möhren, Kürbis, Ingwer, Orangen, Gewürze und Gemüsebrühe werden anschließend in einem Topf zum Kochen gebracht.

4 Als Nächstes werden Kümmel und Kurkuma hinzugegeben, dann die Suppe pürieren. Hierzu können Sie wahlweise einen Stabmixer oder ein passendes Standgerät nutzen.

5 Vor dem Servieren rühren Sie die Kokosmilch unter und würzen die Suppe mit Muskat, bevor Sie sie mit Petersilie verzieren.

Tipp: Die meisten Suppen werden aromatischer, wenn Sie über Nacht durchziehen. Diese Suppe eignet sich hervorragend, um sie am Vortag vorzubereiten.

REISSUPPE

4 Port.

30 Min.

Leicht

Zutaten

1 ¼ Liter Gemüsebrühe
Salz
Schnittlauch
50 g Reis
1 Ei

Nährwerte p. P.

511 kcal
98 g Kohlenhydrate
1 g Fett
33 g Eiweiß

1 Waschen Sie den Reis und bringen Sie die Gemüsebrühe zum Kochen. Dann rühren Sie den Reis in die Gemüsebrühe ein.

2 Der Reis wird mit der Gemüsebrühe für ungefähr 20 Minuten gekocht und gelegentlich umgerührt. Nach dem Kochen schmecken Sie die Mischung mit Salz ab.

3 Waschen Sie den Schnittlauch und schneiden Sie ihn in Röllchen.

4 Geben Sie das Ei in die Suppe und verfeinern Sie diese mit dem Schnittlauch.

Tipp: Statt Reis können Sie hier auch auf magenschonende Nudelalternativen (zum Beispiel auf Linsen- oder Erbsenbasis) zurückgreifen und diese als Einlage für die Suppe verwenden. Wenn Sie möchten, dass der Reis besonders freundlich zu Ihrem Magen ist, sollten Sie auf einen Vollkornreis zurückgreifen.

BASISCHE FENCHELSUPPE

4 Port.

45 Min.

Leicht

Zutaten

2 Knollen Fenchel
3 mittelgroße Möhren
1 Stange Lauch
¼ Knolle Sellerie
1 Lauchzwiebel
2 EL Öl
750 ml Gemüsebrühe (nach Möglichkeit hefefrei)
100 ml Pflanzensahne (alternativ: Produkte auf Soja- oder Haferbasis)
Salz, Pfeffer

Nährwerte p. P.

441 kcal
71 g Kohlenhydrate
11 g Fett
4 g Eiweiß

1 Schneiden Sie das Gemüse in kleine Stücke. Diese dünsten Sie für ungefähr 5 Minuten in Öl.

2 Bedecken Sie das Gemüse im Anschluss mit Gemüsebrühe und Pflanzensahne und lassen Sie die Zutaten für etwa 30 Minuten köcheln.

3 Nach Abschluss der Kochzeit pürieren Sie die Zutaten und schmecken alles mit Salz und Pfeffer ab.

Tipp: Besonders wenn Ihr Reizdarmsyndrom gerade wieder akut ist, kann diese Suppe hilfreich sein. Fenchel unterstützt den Verdauungsvorgang und verfügt über eine entzündungshemmende Wirkung. Darüber hinaus stärkt er den Magen und ist reich an Vitalstoffen.

KÜRBIS-KURKUMA-SUPPE

 4 Port.
 40 Min.
 Leicht

Zutaten

½ Butternut-Kürbis
3 Kartoffeln
1 Knoblauchzehe (je nach Verträglichkeit)
750 ml Gemüsebrühe
150 ml Mandelmilch
4 Eier
1 EL Essig
500 ml Wasser
1 EL Kurkuma
1 TL Kümmel
Muskat
Salz, Pfeffer
Basilikum

Nährwerte p. P.

445 kcal
71 g Kohlenhydrate
46 g Fett
8 g Eiweiß

1 Putzen Sie den Kürbis und zerteilen Sie diesen in kleine Stücke. Schälen Sie die Kartoffeln und schneiden Sie diese ebenfalls in kleine Stücke.

2 Schälen Sie den Knoblauch und zerteilen Sie ihn in kleine Würfel. Geben Sie ihn dann zusammen mit den Gewürzen in einen Topf und schwitzen Sie ihn bei mittlerer Hitze an.

3 Geben Sie den Kürbis sowie die Kartoffeln hinzu. Löschen Sie das Gemüse im Anschluss mit der Gemüsebrühe ab. Die Suppe lassen Sie dann für ungefähr 20 Minuten kochen, bevor Sie die Mandelmilch hinzufügen.

4 Pürieren Sie die Suppe zu einer homogenen Masse und schmecken Sie diese mit Salz und Pfeffer ab. Anschließend kochen Sie die Suppe erneut für 5 Minuten auf.

5 Während die Suppe aufkocht, geben Sie in einen weiteren Topf Essig zusammen mit Wasser und kochen diese Mischung auf. Geben Sie dann die Eier hinzu. Nach dem Aufkochen warten Sie ungefähr 5 Minuten, bis sich um das Eigelb Eiweiß bildet.

6 Servieren Sie die Suppe und verfeinern Sie sie auf Wunsch mit frischem Basilikum.

Tipp: Diese Suppe ist besonders dann hilfreich, wenn Sie regelmäßig unter Verstopfung oder Blähungen leiden. Kümmel kurbelt die Darmtätigkeit an.

TOMATENSUPPE

4 Port.

35 Min.

Leicht

Zutaten

1 Zwiebel
1 Knoblauchzehe
2 EL Olivenöl
1000 g gehackte Tomaten (zum Beispiel aus der Dose)
2 EL Tomatenmark
2 EL Zucker
Salz, Pfeffer
100 g Soja-Sahne (alternativ: Produkte auf Haferbasis)

Zum Garnieren:
½ Bund Basilikum
½ Bund Rosmarin

Nährwerte p. P.

261 kcal
20 g Kohlenhydrate
18 g Fett
4 g Eiweiß

1 Schälen Sie die Zwiebel und den Knoblauch und schneiden Sie beides in kleine Stücke. Erhitzen Sie das Olivenöl in einem Topf und geben Sie Zwiebeln und Knoblauch hinzu. Schwitzen Sie diese für etwa 3 Minuten an.

2 Geben Sie die gehackten Tomaten sowie das Tomatenmark hinzu und löschen Sie den Knoblauch und die Zwiebeln damit ab. Verrühren Sie alle Zutaten miteinander und kochen Sie diese kurz auf.

3 Geben Sie den Zucker hinzu und schmecken Sie die Suppe mit Salz und Pfeffer ab. Dann kochen Sie die Suppe erneut für 5 Minuten auf.

4 Geben Sie die Soja-Sahne (oder die Ersatzprodukte) hinzu und garnieren Sie mit den Kräutern.

Tipp: Wenn Sie Kümmel mögen, können Sie die Suppe zusätzlich mit Kümmel abschmecken, um Ihre Verdauung zu unterstützen.

GEMÜSESUPPE

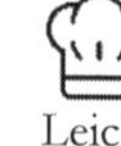

1 Port. 30 Min. Leicht

Zutaten

1 daumengroßes Stück einer Ingwerwurzel
500 ml Wasser
½ TL Kurkuma
Salz, Pfeffer
1 großes Blatt Grünkohl
1 Handvoll Spinatblätter
Petersilie
100 ml Mandelmilch

Nährwerte p. P.

106 kcal
13 g Kohlenhydrate
1 g Fett
5 g Eiweiß

1 Schälen Sie den Ingwer und hacken Sie ihn in kleine Stücke. Dann geben Sie ihn zusammen mit den Gewürzen in 500 ml Wasser und kochen die Zutaten im Topf auf. Nach dem Aufkochen reduzieren Sie die Hitzezufuhr und lassen die Masse weiter köcheln.

2 In der Zwischenzeit putzen Sie den Spinat zusammen mit dem Grünkohl und der Petersilie. Dann hacken Sie alles grob und geben die Zutaten für 10 Minuten mit in den Topf.

3 Fügen Sie nach Ablauf der Zeit Mandelmilch hinzu und pürieren Sie die Suppe mit einem Pürierstab, bevor Sie sie servieren.

Tipp: Das Gemüse kann je nach Jahreszeit variiert und angepasst werden. Da Ingwer eine entzündungshemmende Wirkung hat, eignet sich diese Suppe auch für akute Phasen.

MÖHREN-APFEL-SUPPE

4 Port.

45 Min.

Leicht

Zutaten

2 Stangen Zitronengras
1 Knolle Rote Bete
300 ml Wasser
1 Bund Dill
4 EL Rapsöl
1 EL Zitronensaft
Salz, Pfeffer
600 g Süßkartoffeln
4 Äpfel
500 g Möhren
1 Liter Gemüsebrühe
1 TL Kurkuma

Nährwerte p. P.

458 kcal
64 g Kohlenhydrate
13 g Fett
19 g Eiweiß

1 Halbieren Sie das Zitronengras in der Waagerechten und bringen Sie es zusammen mit 300 ml Wasser zum Kochen. Bei mittlerer Hitze lassen Sie die beiden Zutaten auf etwa 2⁄3 der Gesamtmasse einkochen.

2 Würfeln Sie die Rote Bete und zerkleinern Sie den Dill. Den Dill marinieren Sie dann mit Pfeffer, Salz, Zitronensaft und Rapsöl.

3 Schälen Sie die Süßkartoffeln und die Äpfel. Letztere entkernen Sie zusätzlich. Dann würfeln Sie die Möhren grob und geben diese Zutaten zusammen mit der Gemüsebrühe für 15 Minuten in einen Topf und kochen sie auf.

4 Nach dem Aufkochen geben Sie den Sud des marinierten Zitronengrases hinzu und schmecken die Masse mit Pfeffer, Salz und Kurkuma ab, bevor Sie die Zutaten zu einer homogenen Masse pürieren.

5 Für das Servieren können Sie beim Anrichten die Suppe mit Dill verfeinern.

Tipp: Wenn Sie Ingwer mögen, können Sie die Suppe zusätzlich mit Ingwer verfeinern, um Ihre Verdauung in Schwung zu bringen und Entzündungen im Darm zu lindern. Wer mit der Säure von Äpfeln nicht zurechtkommt, sollte diese innerhalb des Rezepts weglassen.

Hauptspeisen mit Fleisch

PULLED PORK

6 Port. 8,5 Std. Leicht

Zutaten

1,5 kg Schweineschulter
1 EL Olivenöl
Salz, Pfeffer
120 ml Ahornsirup
60 ml Sojasoße
1 EL Worcestersoße
Saft einer Limette
1 EL BBQ-Würzmischung
1 EL Maisstärke
Limettenspalten für die Dekoration
gehackter Koriander

Nährwerte p. P.

627 kcal
14 g Kohlenhydrate
44 g Fett
55 g Eiweiß

1 Geben Sie das Öl in eine Pfanne und erhitzen Sie es. Würzen Sie das Fleisch und geben Sie es in die erhitzte Pfanne, um es anzubraten. Dann geben Sie das Fleisch in einen Schongarer (alternativ können Sie den Backofen verwenden).

2 In einer separaten Schüssel vermischen Sie die Worcestersoße mit dem Limettensaft und der BBQ-Würzmischung sowie dem Ahornsirup und der Sojasauce. Die hieraus entstandene Marinade geben Sie über das Fleisch.

3 Wenn das Fleisch mariniert ist, garen Sie es bei niedrigen Temperaturen (ungefähr 80 bis 90 °C Ober-/Unterhitze oder 70 °C Umluft) für ungefähr 8 Stunden. Den optimalen Garpunkt erkennen Sie daran, dass das Fleisch sich leicht lösen lässt.

4 Nach dem Garen platzieren Sie das Fleisch auf einer Platte. Die Flüssigkeit, die während des Garvorgangs aus dem Fleisch ausgetreten ist, geben Sie in einen Topf. Erhitzen Sie diese auf mittlerer Stufe, während Sie die Maisstärke hinzufügen. Unter ständigem Rühren sollte der Bratensud dabei andicken.

5 Ist die Soße angedickt, geben Sie sie über das Fleisch. Garnieren Sie das Fleisch mit Limettenspalten und Koriander.

Tipp: Das BBQ-Gewürz können Sie mit etwas Zimt, Fenchelsamen, Sternanis oder Gewürz-nelken anreichern. Diese Gewürze sind nicht nur gut für den Darm, sondern sorgen zusätzlich für ein besonderes Aroma.

ZITRONENHÄHNCHEN MIT REIS-PAPRIKA-SALAT

2 Port.

45 Min.

Leicht

Zutaten

250 g Hähnchenbrust
1 Bio-Zitrone
100 g Reis
1 gelbe Paprika
1 rote Paprika
1 Zucchini
100 g Kichererbsen
4 EL Olivenöl
getrockneter Thymian
2 EL Balsamicoessig
Salz, Pfeffer

Nährwerte p. P.

553 kcal
48 g Kohlenhydrate
20 g Fett
41 g Eiweiß

1 Von der Bio-Zitrone reiben Sie etwa einen Teelöffel der Schale ab. Dann halbieren Sie die Zitrone und pressen sie aus.

2 Spülen Sie das Hähnchenbrustfilet ab, trocknen Sie es und geben Sie es mit etwas Zitronensaft, Salz und Pfeffer in einen Gefrierbeutel, um es zu marinieren. Damit die Marinade einziehen kann, geben Sie es für mindestens 20 Minuten in den Kühlschrank.

3 Kochen Sie den Reis nach Packungsanleitung. Gießen Sie die Kichererbsen ab, waschen Sie das Gemüse und schneiden Sie es in kleine Stücke.

4 Kurz vor Ende der Garzeit des Reises geben Sie die Kichererbsen zusammen mit den Paprika und der Zucchini hinzu, um diese etwas zu garen.

5 In einer separaten Pfanne erhitzen Sie das Öl und braten die Hähnchenbrust für 5 bis 6 Minuten an. Dann würzen Sie das Fleisch mit Salz, Pfeffer und Thymian.

6 Verrühren Sie das Gemüse mit Reis, Balsamicoessig und Thymian und schneiden Sie das Hähnchen in Stücke, die Sie zusammen mit der Gemüse-Reis-Mischung servieren.

Tipp: Statt Reis kann das Gericht auch zusammen mit Buchweizennudeln oder Nudeln auf Erbsen- oder Linsenbasis serviert werden. Wer mit Reis nicht gut zurechtkommt, kann zudem alternativ auf Quinoa zurückgreifen.

REIS MIT PARMESAN, ERBSEN UND PARMASCHINKEN

4 Port.

35 Min.

Leicht

Zutaten

250 g Wildreis
40 g Parmesan (gerieben oder am Stück)
125 g Parmaschinken
300 g feine Erbsen (tiefgekühlt oder aus der Dose)
150 g Zuckerschoten
2 EL Joghurtbutter (alternativ: Butter)
200 ml Gemüsebrühe
1 Zwiebel
1 Knoblauchzehe
Salz, Pfeffer
Basilikum

Nährwerte p. P.

318 kcal
51 g Kohlenhydrate
15 g Fett
18 g Eiweiß

1 Garen Sie den Wildreis nach Packungsanleitung. Während der Reis gart, bereiten Sie die Zuckerschoten durch Waschen, Säubern und Halbieren vor. Danach kochen Sie die Schoten für eine Minute in kochendem Wasser und schrecken sie ab.

2 Reiben Sie 20 g des Parmesans und schneiden Sie den Schinken in mundgerechte Stücke. Waschen Sie das Basilikum und zerkleinern Sie die Blätter. Zerkleinern und würfeln Sie den Knoblauch sowie die Zwiebel. Dünsten Sie beides im Anschluss in Butter.

3 In der Gemüsebrühe kochen Sie in einem gesonderten Topf die Erbsen für drei Minuten. Vermischen Sie die Zuckerschoten zusammen mit dem Reis sowie den Erbsen und dem Parmesan und würzen Sie alles mit Pfeffer und Salz. Geben Sie die Schinkenstücke hinzu und verfeinern Sie mit Basilikum und Parmesan.

Tipp: Der Reis lässt sich auch in diesem Gericht durch Nudelersatzprodukte austauschen. Hier sollte auf Weizenprodukte verzichtet werden. Stattdessen kann auf Nudeln aus Erbsen, Linsen oder Getreideersatzstoffen zurückgegriffen werden. Wer mit Reis nicht gut zurechtkommt, kann zudem alternativ auf Quinoa zurückgreifen.

BUNTES RAHMHUHN

2 Port.

40 Min.

Leicht

Zutaten

200 g Brokkoli
150 g Möhren
3 EL Mandelmehl
350 g Hähnchenbrust (ohne Haut)
Salz, Pfeffer
1 EL Rapsöl
½ Zitrone
300 ml Gemüsebrühe
½ Bund Kerbel
1 TL Speisestärke
50 g Crème fraîche (oder eine pflanzliche Alternative auf Sojabasis)

Nährwerte p. P.

659 kcal
63 g Kohlenhydrate
78 g Fett
59 g Eiweiß

1 Waschen Sie den Brokkoli und zerteilen Sie ihn in seine Röschen. Dann waschen Sie die Möhren, schälen sie und zerkleinern sie in Streifen.

2 Geben Sie das Mehl in einen Suppenteller, salzen Sie das Hähnchen und wenden Sie es im Mehl. Erhitzen Sie das Öl in der Pfanne und braten Sie das Fleisch darin an.

3 Pressen Sie die Zitrone aus und geben Sie den Saft zum Fleisch. Dann geben Sie das Gemüse hinzu und lassen alles für 15 Minuten aufkochen. Hierzu geben Sie den Deckel auf den Topf.

4 Entnehmen Sie das Fleisch und das Gemüse, um den übrigen Bratensud aufzukochen. Waschen und zerkleinern Sie den Kerbel.

5 Rühren Sie die Stärke und die Gemüsebrühe mit Wasser an, geben Sie die Kräuter hinzu und fügen Sie diese zusammen mit der Crème fraîche in den Bratensud. Diesen kochen Sie auf und würzen ihn mit Salz und Pfeffer.

6 Vor dem Anrichten zerkleinern Sie das Hähnchen in Scheiben und richten es zusammen mit dem Gemüse und der Soße an.

Tipp: Aufgrund des geringeren Fettgehalts können pflanzliche Crème-fraîche-Alternativen für den Magen-Darm-Trakt bekömmlicher sein.

KARTOFFELGULASCH MIT PUTENSCHNITZEL

1 Port.

30 Min.

Leicht

Zutaten

250 g Kartoffeln (festkochend)
2 Zwiebeln
1 Möhre
1 TL Öl
1 TL Tomatenmark
200 ml Gemüsebrühe
30 ml Kochsahne (oder Alternativen auf Pflanzenbasis)
Salz, Pfeffer
75 g Champignons
100 g Putenschnitzel

Nährwerte p. P.

350 kcal
37 g Kohlenhydrate
9 g Fett
32 g Eiweiß

1 Schälen Sie die Kartoffeln und schneiden Sie diese in Würfel. Schälen und würfeln Sie die Zwiebeln und die Möhre. Dann braten Sie diese Zutaten in einem Topf mit etwas Öl an, bevor Sie das Tomatenmark und die Kartoffeln hinzugeben. Diese braten Sie für weitere zwei Minuten unter Umrühren an.

2 Löschen Sie den Inhalt des Topfes mit Gemüsebrühe und Kochsahne ab und würzen Sie die Masse mit Salz und Pfeffer. Bei geringer Hitze lassen Sie den Inhalt des Topfes für weitere 12 Minuten köcheln.

3 Putzen Sie die Champignons und schneiden Sie diese in Stücke. Geben Sie die Champignons für 5 Minuten zum Kartoffelgulasch und lassen Sie sie schmoren.

4 Waschen Sie die Putenschnitzel ab und braten Sie diese für ungefähr 8 Minuten in einer Pfanne. Dann würzen Sie die Putenschnitzel und richten sie zusammen mit dem Kartoffelgulasch an.

Tipp: Statt Putenfleisch kann das Kartoffelgulasch auch mit Fisch serviert werden. Zudem kann es für eine vegetarische Lebensweise auch ohne Fleisch serviert werden.

BOHNENEINTOPF MEXIKANISCHER ART

4 Port.

35 Min.

Leicht

Zutaten

2 TL Chilipulver
200 g getrocknete Tomaten
400 g Hackfleisch vom Rind
1 Knoblauchzehe
1 TL Kreuzkümmel
1 Prise Salz
1 Prise Pfeffer
2 EL Öl
200 g rote Bohnen (Kidneybohnen)
1 rote Chilischote
800 g Tomaten (geschält)
½ Zimtstange
1 Glas Wasser
200 g Zuckermais (vorgegart oder aus der Dose)
2 Lauchzwiebeln

Nährwerte p. P.

931 kcal
64 g Kohlenhydrate
28 g Fett
60 g Eiweiß

1 Schneiden Sie den Knoblauch und die Zwiebeln in Würfel und erhitzen Sie diese im Topf.

2 Vermischen Sie die zerkleinerte Chilischote mit Chilipulver, Salz, Pfeffer und Kümmel. Dann geben Sie das Hackfleisch hinzu und vermischen alles, bevor Sie die Masse unter ständigem Rühren anbraten.

3 Vermischen Sie die getrockneten Tomaten mit dem Öl und geben Sie sie zusammen mit der Zimtstange und den geschälten Tomaten sowie einem Glas Wasser zu der Fleisch-Gewürzmischung.

4 Schütten Sie die Bohnen und den Mais ab und mischen Sie beides kurz vor Ende der Zubereitungszeit unter die restlichen Zutaten. Dann schmecken Sie erneut ab.

Tipp: Für die vegetarische Variante können Sie auf die Fleischeinlage verzichten oder diese durch Linsen oder Fleischalternativen ersetzen.

RINDFLEISCH-WIRSING-TOPF

2 Port.

3 Std.

Leicht

Zutaten

Für die Brühe:
400 g Suppengrün (beispielsweise Möhre, Petersilienwurzel, Knollensellerie, halber Porree)
1 Zwiebel
1 Rinderbeinscheibe (etwa 600 g)
1 Lorbeerblatt
2 l kaltes Wasser
1 TL schwarze Pfefferkörner
Salz

Für den Eintopf:
1 Schalotte
50 g Rundkornreis
1 TL Olivenöl
1 Knoblauchzehe
2 TL Ingwer
150 g Butternut-Kürbis
200 g Wirsing
Basilikumblätter
1 TL Bio-Zitronenschale

Nährwerte p. P.

410 kcal
36 g Kohlenhydrate
13 g Fett
38 g Eiweiß

1 Für die Zubereitung der Brühe putzen Sie das Suppengemüse, schälen es und zerkleinern es. Den Porree geben Sie ebenso hinzu. Die Zwiebel halbieren Sie ungeschält. Die Zwiebel geben Sie mit der Schnittfläche in einen Topf, den Sie für 4 bis 5 Minuten erhitzen, sodass die Zwiebel braun angeröstet wird.

2 Geben Sie das Fleisch zusammen mit dem Suppengrün, dem Lorbeerblatt, den Pfefferkörnern sowie dem Wasser hinzu. Kochen Sie die Zutaten mit abgedecktem Deckel auf und salzen Sie sie. Dann lassen Sie alles erneut für 2 Stunden köcheln. Entnehmen Sie das Fleisch aus der Brühe und gießen Sie diese durch ein Sieb ab.

3 Dünsten Sie die Schalotte und den Reis in Olivenöl glasig. Pressen Sie den Knoblauch hinzu und rühren Sie den Ingwer unter. Geben Sie 800 ml der zuvor hergestellten Rindfleischbrühe hinzu und lassen Sie alles zugedeckt aufkochen. Dann regulieren Sie die Temperatur nach unten und lassen alles für weitere 10 bis 15 Minuten köcheln.

4 Im nächsten Schritt geben Sie den Kürbis sowie den Wirsing hinzu. Dann lassen Sie alles für weitere 10 bis 15 Minuten kochen.

5 Zerkleinern Sie das Basilikum und mischen Sie es mit dem Abrieb der Zitrone. Lösen Sie das Fleisch vom Knochen und entfernen Sie die Sehnen und das Fett. Dann zerkleinern Sie das Fleisch. Vor dem Servieren wird der Eintopf mit Pfeffer und Salz abgeschmeckt und mit der Zitronen-Basilikum-Mischung verfeinert.

Tipp: Sollten nach dem Verzehr große Mengen übrig sein, lässt sich dieses Gericht problemlos einfrieren. Zudem schmecken Eintöpfe grundsätzlich besser, wenn sie ein weiteres Mal aufgekocht wurden. Wer mit Reis nicht gut zurechtkommt, kann zudem alternativ auf Quinoa zurückgreifen.

CHINESISCHE GEMÜSEPFANNE MIT RINDFLEISCHSTREIFEN

2 Port.

30 Min.

Leicht

Zutaten

200 g Rinderfilet
200 g Brokkoli
200 g Champignons
2 Möhren
2 Knoblauchzehen
1 Chilischote
4 EL Sojasoße
2 EL Sesamöl
Salz, Pfeffer

Nährwerte p. P.

374 kcal
14 g Kohlenhydrate
17 g Fett
41 g Eiweiß

1 Schneiden Sie das Rinderfilet in Streifen. Putzen Sie die Champignons und schneiden Sie sie in Scheiben. Dann schälen Sie die Möhren und schneiden auch diese in Streifen.

2 Waschen Sie den Brokkoli und schneiden Sie die Röschen vom Stiel. Schälen Sie den Knoblauch und schneiden Sie ihn in kleine Stücke. Diesen Vorgang wiederholen Sie mit der Chilischote.

3 Erhitzen Sie das Sesamöl im Wok und braten Sie das Rindfleisch darin an. Anschließend geben Sie den Knoblauch und die Chili hinzu und braten diese ebenfalls kurz an. Geben Sie die Möhren, den Brokkoli und die Champignons hinzu und braten Sie diese an.

4 Geben Sie die Sojasoße hinzu und würzen Sie alles mit Salz und Pfeffer, bevor Sie es anrichten.

Tipp: Die Gemüsevarianten können auf den jeweiligen Geschmack angepasst werden. Hierbei sollte jedoch darauf geachtet werden, dass ein Gemüse mit ähnlicher Garzeit gewählt wird.

Hauptspeisen mit Fisch

FISCHCURRY

1 Port.

35 Min.

Leicht

Zutaten

60 g Langkornreis
½ Frühlingszwiebel
1 Möhre
Salz, Pfeffer
¼ Apfel (saure Sorte)
150 g Kabeljaufilet
Saft einer halben Zitrone
½ EL Butter
½ EL Öl
Curry
Zucker
1 Schuss Apfelsaft
½ EL Kokosraspel
½ TL gehackte Pistazien

Nährwerte p. P.

838 kcal
38 g Kohlenhydrate
60 g Fett
31 g Eiweiß

1 Kochen Sie den Reis wie gewohnt.

2 Schälen Sie die Frühlingszwiebeln und zerkleinern Sie diese in Ringe. Schälen Sie die Möhre und schneiden Sie sie in Stifte. Waschen Sie den Apfel und entfernen Sie die Kerne. Schneiden Sie den Apfel dann in Spalten und waschen Sie das Fischfilet mit kaltem Wasser ab.

3 Tupfen Sie das Fischfilet trocken und geben Sie etwas Zitronensaft darüber. Dann schneiden Sie das Fischfilet in Würfel. Erhitzen Sie Butter und Öl in der Pfanne und dünsten Sie die Zwiebeln und die Möhren darin (ungefähr für 5 Minuten). Nach dem Dünsten geben Sie den Apfel sowie die Fischwürfel hinzu.

4 Geben Sie den Apfelsaft, Salz, Pfeffer, Curry und Zucker hinzu und lassen Sie die Masse mit verschlossenem Deckel für 8 bis 10 Minuten köcheln. Hierzu wählen Sie eine geringe Temperatur.

5 In einer separaten Pfanne rösten Sie die Kokosraspel ohne Fett. Dann mischen Sie den Reis sowie die Pistazien unter und können das Gericht auf dem Teller anrichten und mit Petersilie garnieren.

Tipp: Sofern Langkornreis nicht gut vertragen wird, können Sie auf Vollkornalternativen zurückgreifen. Wer mit Reis nicht gut zurechtkommt, kann zudem alternativ Quinoa verwenden.

SAIBLING MIT KÜRBISGEMÜSE

2 Port.

30 Min.

Leicht

Zutaten

1 Bio-Orange
200 g Saiblingsfilet
Salz, Pfeffer
250 g Lauch (ungefähr 2 Stangen)
200 g Hokkaido-Kürbis (etwa ein Kürbis)
1 EL Rapsöl
2 EL Wasser
1 EL Gartenkresse

Nährwerte p. P.

772 kcal
21 g Kohlenhydrate
55 g Fett
46 g Eiweiß

1 Spülen Sie die Orange unter heißem Wasser ab. Reiben Sie die Hälfte der Schale ab und halbieren Sie die Orange im Anschluss, um sie auszupressen.

2 Spülen Sie den Fisch ab und tupfen Sie ihn trocken. Salzen Sie ihn und geben Sie etwa einen Esslöffel Orangensaft darüber.

3 Putzen Sie den Lauch und zerkleinern Sie das Grün in Streifen. Waschen Sie den Kürbis, entkernen Sie ihn und schneiden Sie ihn in Würfel.

4 Erhitzen Sie in einer Pfanne Öl und braten Sie die Fischfilets von jeder Seite für etwa eine Minute an. Dann würzen Sie sie mit Pfeffer und nehmen sie aus der Pfanne.

5 In derselben Pfanne braten Sie den Kürbis und den Lauch für ungefähr zwei Minuten an. Dann geben Sie die Orangenschale sowie den restlichen Orangensaft hinzu. Diese Mischung ergänzen Sie mit 2 EL Wasser und garen alles für 3 bis 4 Minuten weiter. Die Flüssigkeit sollte dabei verdampfen.

6 Schmecken Sie die Masse mit Salz und Pfeffer ab, platzieren Sie den Fisch auf dem Gemüse und lassen Sie alles für weitere 4 Minuten nachgaren, bevor Sie es mit Gartenkresse auf dem Teller anrichten.

Tipp: Sollte aufgrund der fehlenden Saison gerade kein Kürbis erhältlich sein, kann dieser durch Kürbis im Glas ersetzt werden.

GEDÜNSTETER LACHS

2 Port.

40 Min.

Leicht

Zutaten

1 ½ Bund gemischte Kräuter (beispielsweise Basilikum, Petersilie, Minze …)
3 Möhren
1 Lauchzwiebel
1 Knoblauchzehe
1 EL Rapsöl oder Olivenöl
300 g Lachs
1 Bio-Zitrone
Salz, Pfeffer

Nährwerte p. P.

479 kcal
16 g Kohlenhydrate
17 g Fett
15 g Eiweiß

1 Heizen Sie Ihren Backofen auf 150 °C Ober-/Unterhitze (130 °C bei Umluft) vor.

2 Waschen Sie die Kräuter sowie die Möhren gründlich und schneiden Sie diese in dünne Scheiben.

3 Schälen Sie die Zwiebel und den Knoblauch und zerkleinern Sie beides. Dann waschen Sie die Zitrone mit heißem Wasser und schneiden sie ebenfalls in Scheiben.

4 Würzen Sie das Fischfilet mit Salz und Pfeffer. Platzieren Sie die Zitronenscheiben auf einem mit Backpapier ausgelegten Backblech und platzieren Sie den Lachs darauf. Beträufeln Sie den Lachs anschließend mit Öl und verfeinern Sie ihn mit etwas Kräutern.

5 Legen Sie das Gemüse um den Fisch und falten Sie das Backpapier zusammen.

6 Geben Sie die Fischpakete in den Ofen und backen Sie sie für etwa 15 Minuten (180 °C bei Ober-/Unterhitze oder 150 °C bei Umluft).

7 Vor dem Servieren können Sie den Fisch mit den restlichen Kräutern verfeinern.

Tipp: Die Gemüsesorten können Sie bei diesem Gericht nach Belieben abwandeln. Da Lachs viele Omega-3-Fettsäuren enthält, hat er eine entzündungshemmende Wirkung, sodass der Magen-Darm-Trakt nicht weiter gereizt wird.

SPINAT-CRÊPES MIT LACHS UND AVOCADO

2 Port.

15 Min.

Leicht

Zutaten

Für den Teig:
4 Eier
2 Handvoll Spinat
Salz
2 TL Pflanzenöl

Für die Füllung:
200 g Frischkäse (am bekömmlichsten auf Pflanzenbasis)
8 Blätter Salat (nach Wahl)
1 Avocado
½ Gurke
150 g Räucherlachs in Scheiben
½ Zitrone
Salz, Pfeffer

Nährwerte p. P.

833 kcal
10 g Kohlenhydrate
70 g Fett
35 g Eiweiß

1 Vermischen Sie die Eier zusammen mit dem Spinat sowie mit Salz in einem Mixer. Wenn sich eine cremige Mischung ergibt und sich der Teig grün verfärbt, können Sie den Teig für 10 Minuten ziehen lassen.

2 Erhitzen Sie in einer Pfanne das Pflanzenöl. Geben Sie die Hälfte des Teigs in die Pfanne und lassen Sie ihn für etwa vier Minuten stocken. Anschließend wenden Sie den Teig und braten ihn von der anderen Seite. Diesen Vorgang wiederholen Sie für den restlichen Teig. Platzieren Sie die Crêpes auf einem Teller.

3 Waschen Sie den Salat, halbieren Sie die Avocado und entfernen Sie den Kern. Schneiden Sie die Avocado in feine Scheiben und pressen Sie die Zitrone aus.

4 Bestreichen Sie die Crêpes mit Frischkäse und belegen Sie sie mit dem Salat. Geben Sie dann feine Gurkenscheiben sowie die Avocado und den Räucherlachs darauf. Geben Sie etwas Saft der Zitrone darüber und würzen Sie die Crêpes mit Salz und Pfeffer.

5 Dann können die Crêpes eingerollt und verzehrt werden.

Tipp: Der Belag des Crêpes kann nach Belieben anhand der FODMAP-Gesichtspunkte angepasst werden. Wer Spinat nicht mag, kann diesen ebenfalls durch Rucola austauschen.

GARNELENSPIESSE

4 Port. 20 Min. Leicht

Zutaten

20 Garnelen
4 EL Olivenöl
50 ml trockener Weißwein
Buchweizenmehl nach Bedarf
Salz, Pfeffer
Petersilie
½ Zitrone

Nährwerte p. P.

276 kcal
0 g Kohlenhydrate
15 g Fett
19 g Eiweiß

1 Säubern Sie die Garnelen gründlich und entfernen Sie den Darmfaden. Wenden Sie die Garnelen anschließend im Buchweizenmehl und spießen Sie jeweils fünf auf einen Spieß.

2 Erhitzen Sie das Olivenöl in einer Pfanne. Geben Sie die Spieße hinein und braten Sie die Garnelen von beiden Seiten goldbraun.

3 Löschen Sie die Garnelen nach dem Braten mit Weißwein ab und geben Sie den Saft der Zitrone darüber. Dann bestreuen Sie die Garnelen mit Petersilie, Salz und Pfeffer.

4 Schwenken Sie die Spieße in der Pfanne, nehmen Sie die Pfanne vom Herd und lassen Sie die Garnelen kurz ziehen, damit sich die Aromen verbinden können.

Tipp: Das Rezept eignet sich sowohl als Vorspeise als auch als Beilage oder Hauptgericht. Da das Gericht frei von Gluten und Laktose ist, eignet es sich auch bei Problemen mit Glutenunverträglichkeit sowie Laktoseintoleranz.

ZUCCHINI-FISCH-PFANNE

4 Port.

30 Min.

Leicht

Zutaten

1 rote Paprika
2 Zucchini
1 Zwiebel
3 EL Öl
1 EL Buchweizenmehl
150 g Schlagsahne (oder als Alternative Produkte auf Pflanzenbasis)
1 TL Gemüsebrühe
600 g Lachs
350 ml Wasser
Salz, Pfeffer
Zucker
6 Stiele Dill
Saft einer Zitrone

Nährwerte p. P.

560 kcal
9 g Kohlenhydrate
41 g Fett
34 g Eiweiß

1 Putzen Sie die Zucchini, die Zwiebel und die Paprika und schneiden Sie alles in mundgerechte Stücke.

2 Braten Sie diese Zutaten in einem Esslöffel Öl an. Dann geben Sie etwas Buchweizenmehl hinzu, das Sie zusammen mit den Zutaten anschwitzen.

3 Geben Sie 350 ml Wasser sowie die Sahne und die Brühe hinzu. Kochen Sie alles für 5 Minuten auf.

4 Waschen Sie den Fisch ab und schneiden Sie ihn in Stücke. Dann braten Sie ihn in 2 EL Öl für 2 bis 3 Minuten von beiden Seiten an. Würzen Sie anschließend mit den Gewürzen und dem Dill.

5 Geben Sie Zitronensaft, Salz, Pfeffer und Zucker hinzu und vermischen Sie alles. Dann richten Sie an.

Tipp: Wenn Sie das Gericht abwandeln wollen, können Sie dazu Kartoffeln servieren.

FISCHAUFLAUF

2 Port. 45 Min. Leicht

Zutaten

1 Bund Suppengrün
200 ml Gemüsebrühe
80 ml Orangensaft (frisch gepresst)
2 Beutel Fencheltee
250 g Kartoffeln
Salz, Pfeffer
4 TL Olivenöl
300 g Kabeljau
1 Bund Petersilie
1 Knoblauchzehe
1 TL Bio-Orangenschale

Nährwerte p. P.

329 kcal
29 g Kohlenhydrate
8 g Fett
32 g Eiweiß

1 Putzen Sie das Suppengrün und zerkleinern Sie es zusammen. Kochen Sie die Brühe zusammen mit dem Orangensaft auf und geben Sie die Teebeutel hinein. Dann nehmen Sie den Topf vom Herd und lassen ihn für 5 Minuten ziehen.

2 Heizen Sie den Ofen auf 200 °C Ober-/Unterhitze (oder 180 °C bei Umluft) vor.

3 Schälen Sie die Kartoffeln und vierteln Sie diese. Dann garen Sie sie. Drücken Sie die Teebeutel aus, geben Sie das zerkleinerte Gemüse hinein und kochen Sie die Flüssigkeit erneut auf.

4 Den Sud mit dem zerkleinerten Gemüse geben Sie im Anschluss in eine Auflaufform und beträufeln den Inhalt mit dem Olivenöl. Garen Sie den Inhalt für 15 Minuten im Ofen.

5 Reiben Sie den Fisch mit Olivenöl ein und würzen Sie ihn mit Salz und Pfeffer. Nach einer kurzen Ziehzeit von 15 Minuten setzen Sie den Fisch auf das Gemüse und garen beides zusammen im Ofen für weitere 8 bis 10 Minuten.

6 Hacken Sie den Knoblauch und die Petersilie und vermischen Sie beides mit der Schale der Orange sowie mit Salz und Pfeffer. Gießen Sie die Kartoffeln ab und geben Sie die Petersilie-Mischung auf den Fisch (alternativ auch auf die Kartoffeln).

Tipp: Die Fischsorte kann nach Belieben variiert werden.

WURZELGEMÜSEPÜREE MIT FISCH

4 Port.

40 Min.

Leicht

Zutaten

1 Zwiebel
300 g Steckrüben
200 g Petersilienwurzel
250 g Kartoffeln
1 EL Butter
200 ml Wasser
½ TL Gemüsebrühe
6 Stiele Petersilie
800 g Fischfilet
Salz, Pfeffer
Muskat
2 EL Mehl
3 EL Öl

Nährwerte p. P.

360 kcal
20 g Kohlenhydrate
11 g Fett
42 g Eiweiß

1 Schälen Sie die Zwiebel und würfeln Sie diese. Wiederholen Sie diesen Vorgang für die Petersilienwurzel, die Steckrüben sowie für die Kartoffeln.

2 Zerlassen Sie die Butter in einem Topf und dünsten Sie darin die Zwiebeln und das Gemüse an. Gießen Sie dann 200 ml Wasser hinzu und rühren Sie die Gemüsebrühe ein. Decken Sie den Topf ab und kochen Sie das Ganze für 20 Minuten auf.

3 Waschen Sie in der Zwischenzeit die Petersilie und zerkleinern Sie sie dann. Schneiden Sie den Fisch in Stücke und würzen Sie ihn mit Salz und Pfeffer. Dann wenden Sie ihn in Mehl.

4 In einer Pfanne erhitzen Sie Öl und frittieren darin die Petersilie. Entnehmen Sie die Petersilie danach wieder und lassen Sie sie auf Küchenpapier abtropfen. In derselben Pfanne braten Sie dann den Fisch für 3 Minuten von jeder Seite.

5 Zerstampfen Sie das Gemüse im Topf und würzen Sie es mit Salz, Pfeffer und Muskat. Dann richten Sie alles zusammen an.

Tipp: Wurzelgemüse regt die Verdauung an. Die enthaltenen Ballaststoffe haben eine anregende Wirkung und können damit besonders bei Verstopfung hilfreich sein.

Vegetarische Hauptspeisen

GEDÄMPFTES GEMÜSE

2 Port.

35 Min.

Leicht

Zutaten

5 Kartoffeln
2 Möhren
1 Zucchini
½ Lauchzwiebel
125 ml Wasser
Salz, Pfeffer
gemischte Kräuter
1 Kugel Mozzarella

Nährwerte p. P.

303 kcal
37 g Kohlenhydrate
10 g Fett
21 g Eiweiß

1 Waschen und schneiden Sie die Kartoffeln, die Möhren, die halbe Lauchzwiebel und die Zucchini. Schneiden Sie alles in Scheiben. Schichten Sie die Gemüsescheiben im Anschluss in einer Auflaufform. Würzen Sie die Mischung mit Salz, Pfeffer und Kräutern.

2 Geben Sie etwa 125 ml Wasser hinzu und bedecken Sie die Auflaufform mit Alufolie. Stellen Sie die Auflaufform bei 200 °C Ober-/Unterhitze (oder 180 °C bei Umluft) in den Backofen. Nach etwa 5 Minuten reduzieren Sie die Hitze auf 120 °C Ober-/Unterhitze (100 °C bei Umluft). Garen Sie das Gemüse für weitere 30 Minuten.

3 Schneiden Sie im Anschluss den Mozzarella in Scheiben. Geben Sie kurz vor Ende der Garzeit den Mozzarella darüber, um das Gemüse zu gratinieren.

Tipp: Der Käse sowie die Gemüsesorten können nach Belieben und Geschmack ausgetauscht werden. Für eine vegane Variante kann der Käse gegen eine pflanzenbasierte Alternative ausgetauscht werden.

TOMATEN-POLENTA-AUFLAUF

2 Port. 1 Std. Leicht

Zutaten

100 g Polenta
400 ml Gemüsebrühe
200 g saure Sahne (oder bekömmlichere Pflanzenalternativen)
300 g Tomaten
Salz, Pfeffer
etwas Öl für die Form

Nährwerte p. P.

384 kcal
41 g Kohlenhydrate
42 g Fett
22 g Eiweiß

1 Bringen Sie die Gemüsebrühe zum Kochen und rühren Sie die Polenta ein. Die Mischung kochen Sie im Nachgang für etwa 15 Minuten unter regelmäßigem Umrühren auf. Dabei sollte die Masse andicken.

2 Anschließend streichen Sie den entstandenen Brei in eine Kastenform, die Sie vorher mit etwas Öl leicht einfetten. Nachdem Sie die Polenta eingefüllt haben, stellen Sie sie für 30 Minuten in den Kühlschrank.

3 Dann waschen Sie die Tomaten, schneiden sie in Scheiben und würzen sie mit Salz und Pfeffer. Rühren Sie die Sahne zusammen mit Salz und Pfeffer zu einer homogenen Masse.

4 Stürzen Sie die Polenta aus der Kastenform und schneiden Sie die Polenta in Scheiben. Schichten Sie die Scheiben in eine Auflaufform und belegen Sie die Polentascheiben mit Tomaten.

5 Gießen Sie die Sahne-Mischung darüber und geben Sie die Auflaufform dann bei 200 °C Ober-/Unterhitze (oder bei 180 °C Umluft) für etwa 20 Minuten in den Ofen.

Tipp: Servieren Sie den Auflauf frisch, da die Polenta ansonsten durchweichen kann. Wenn Sie das Fett für das Einfetten der Form sparen wollen, können Sie diese stattdessen mit Frischhaltefolie auslegen.
Wollen Sie den Geschmack der Polenta variieren, können Sie mit Kräutern und Reibekäse in der Saure-Sahne-Mischung nachhelfen.

AUBERGINEN-PASTA MIT PAPRIKA

2 Port.

30 Min.

Leicht

Zutaten

Salz, Pfeffer
300 g Auberginen
3 EL Olivenöl
200 g Buchweizennudeln (alternativ: Pasta auf Erbsen- oder Linsenbasis)
1 Lauchzwiebel
1 Knoblauchzehe
1 Dose Kirschtomaten (etwa 400 g)
½ TL getrockneter Oregano
1 Paprika
4 Stängel Petersilie
100 g Feta

Nährwerte p. P.

995 kcal
99 g Kohlenhydrate
57 g Fett
29 g Eiweiß

1 Heizen Sie den Backofen auf 200 °C Ober-/Unterhitze (180 °C bei Umluft) vor. Kochen Sie parallel einen Topf mit Salzwasser auf. Putzen Sie die Auberginen und schneiden Sie diese in Würfel.

2 Geben Sie die Auberginenwürfel auf ein Blech und bestreichen Sie diese mit etwas Öl, Salz und Pfeffer. Diese backen Sie im Anschluss für 10 bis 15 Minuten im Backofen.

3 Die Nudeln geben Sie inzwischen in das kochende Wasser und kochen diese nach Packungsanleitung.

4 Schälen Sie die Zwiebel und den Knoblauch und würfeln Sie beides fein. Das restliche Öl erhitzen Sie in einer Pfanne, in der Sie die Zwiebeln zusammen mit dem Knoblauch anschwitzen. Geben Sie die Kirschtomaten und die zerkleinerte Paprika hinzu und würzen Sie alles mit Salz, Pfeffer und Oregano. Köcheln Sie die Masse für 5 Minuten.

5 Geben Sie die Auberginenwürfel hinzu und verfeinern Sie die Soße mit Petersilie. Wenn Sie alles angerichtet haben, können Sie die Pasta mit Feta verfeinern.

Tipp: Wer Feta nicht mag, kann diesen auch weglassen. Zudem kann für eine vegane Variante auf den Feta verzichtet werden.

HIRSE-GEMÜSE-BRATLINGE MIT JOGHURT-DIP

4 Port.

30 Min.

Leicht

Zutaten

280 g Hirse
240 g Spinat
320 g rote Paprika
160 g Tofu (geräuchert)
120 g Ziegen-Schnittkäse
4 Eier
20 g Stärke
20 ml Olivenöl
200 g Pflanzen-Joghurt
Salz, Pfeffer
Curry

Nährwerte p. P.

558 kcal
63 g Kohlenhydrate
18 g Fett
29 g Eiweiß

1 Bereiten Sie die Hirse nach der Packungsanleitung zu und lassen Sie sie im Anschluss abkühlen.

2 Waschen Sie den Spinat, putzen Sie ihn und hacken Sie ihn grob. Halbieren Sie die Paprika und schneiden Sie diese in kleine Stücke. Reiben Sie den Käse.

3 Für die Zubereitung der Bratlinge vermischen Sie die Eier mit der Stärke, der Hirse, dem Spinat, der Paprika, dem Tofu sowie dem Käse. Dann mischen Sie die Menge mit Salz und Pfeffer.

4 Formen Sie die Mischung mit leicht feuchten Händen zu Bratlingen. Dann erhitzen Sie in einer Pfanne Öl und braten die Bratlinge von jeder Seite für 5 Minuten.

5 Für die Zubereitung des Dips vermischen Sie den Joghurt mit Salz und Curry und servieren diesen zusammen mit den Bratlingen.

Tipp: Wenn Sie die Bratlinge zu kleinen Kugeln formen, können Sie diese auch als Snack reichen oder als Beilage zu einem Salat verzehren. Für eine vegane Ernährungsweise können die tierischen Produkte durch Ersatzprodukte auf pflanzlicher Basis ausgetauscht werden.

GEMÜSE-REIS-BOWL

1 Port.

15 Min.

Leicht

Zutaten

60 g Reis
1 Möhre
3 Stangen grüner Spargel
¼ Süßkartoffel
1 Handvoll Johannisbeeren
1 Handvoll Rucola
1 EL Mandelsplitter
3 EL Olivenöl
Salz

Für das Dressing:
1 EL Tahinimus
2 EL Olivenöl
1 TL Ahornsirup

Nährwerte p. P.

926 kcal
75 g Kohlenhydrate
62 g Fett
26 g Eiweiß

1 Kochen Sie den Reis nach Packungsanleitung.

2 Schälen Sie die Süßkartoffel und den Spargel und schneiden Sie beides in kleine Würfel. In einer Pfanne erhitzen Sie Olivenöl und braten die Süßkartoffelwürfel zusammen mit den Spargelwürfeln für 5 bis 10 Minuten an. Würzen Sie nach Geschmack mit Salz.

3 Schälen Sie die Möhre und schneiden Sie diese in dünne Scheiben. Dann waschen Sie den Rucola und die Johannisbeeren.

4 Wenn der Reis gegart ist, kann er nach dem Abgießen in eine Schüssel gefüllt werden. Auf dem Reis werden der Rucola sowie die Johannisbeeren, die Möhrenscheiben, die Mandelsplitter und das gebratene Gemüse platziert.

5 Für das Dressing vermischen Sie das Tahinimus mit Olivenöl und Ahornsirup. Dann geben Sie es über die restlichen Zutaten.

Tipp: Als Alternative zum Tahinimus kann Erdnussmus verwendet werden. Da das Rezept sowohl Gluten- als auch laktosefrei ist, ist es besonders gut bekömmlich. Wer mit Reis nicht gut zurechtkommt, kann zudem alternativ auf Quinoa zurückgreifen.

KARTOFFELEINTOPF MIT MÖHREN

3 Port. 25 Min. Leicht

Zutaten

450 g Kartoffeln
350 g Möhren
500 ml Gemüsebrühe
2 EL Tomatenmark
1 EL Kichererbsenmehl
1 Prise Salz
1 Prise Pfeffer
1 Prise Paprikapulver (edelsüß)
Schnittlauch
Muskatnuss

Nährwerte p. P.

651 kcal
31 g Kohlenhydrate
0 g Fett
5 g Eiweiß

1 Geben Sie die Gemüsebrühe in einen Topf und bringen Sie diese zum Kochen. Währenddessen schälen Sie die Kartoffeln sowie die Möhren und zerkleinern diese in gleich große Stücke.

2 Geben Sie die Zutaten in den Topf und köcheln Sie diese für etwa 15 Minuten.

3 Rühren Sie das Tomatenmark sowie das Kichererbsenmehl in die Suppe ein. Würzen Sie dann mit Salz, Pfeffer, Paprikapulver und Muskat.

4 Hacken Sie im Anschluss den Schnittlauch und fügen Sie diesen dem Eintopf zur Verfeinerung hinzu.

Tipp: Das Gemüse kann nach Belieben ausgetauscht oder ergänzt werden.

VEGETARISCHES GULASCH

 4 Port.  40 Min.  Leicht

Zutaten

300 g Soja-Hackfleisch
200 g stückige Tomaten
2 Lauchzwiebeln
2 Paprika (grün und rot)
200 ml Gemüsebrühe
200 ml Rotwein
3 EL Tomatenmark
1 TL Speisestärke
2 TL Paprikapulver
1 EL Worcestersoße (vegan)
1 EL Senf
3 EL Wasser
Thymian
Majoran
Öl
Salz, Pfeffer

Nährwerte p. P.

170 kcal
19 g Kohlenhydrate
6 g Fett
14 g Eiweiß

1 Erhitzen Sie Öl in einem großen Topf. Geben Sie das Soja-Hackfleisch hinzu und braten Sie dieses gemäß der Packungsanleitung an.

2 Schälen Sie währenddessen die Zwiebeln und hacken Sie beides in feine Stücke. Waschen Sie die Paprika, entfernen Sie die Kerne und schneiden Sie sie in kleine Stücke.

3 Nehmen Sie das Soja-Hackfleisch aus dem Topf. Dann geben Sie erneut Öl hinein und braten die Paprika für 5 Minuten an. Geben Sie die Zwiebeln und den Knoblauch hinzu und schwitzen Sie diese Zutaten für weitere 2 Minuten an.

4 Geben Sie das Tomatenmark hinzu und würzen Sie mit Paprikapulver und Pfeffer. Braten Sie die Mischung dann erneut für 1 Minute an, bevor Sie alles mit Rotwein und Gemüsebrühe ablöschen. Diese Mischung lassen Sie dann für weitere 2 Minuten köcheln. Dann geben Sie die gestückelten Tomaten hinzu.

5 Fügen Sie das Soja-Hackfleisch nun wieder hinzu. In einem separaten Gefäß rühren Sie nun die Speisestärke zusammen mit 3 Esslöffel Wasser zu einer homogenen Mischung.

6 Geben Sie die Worcestersoße, den Senf und die Kräuter zusammen in den Topf. Dann vermischen Sie alles und lassen es für ungefähr 30 Minuten köcheln. Hierbei sollten Sie darauf achten, von Zeit zu Zeit umzurühren, damit nichts anbrennt.

7 Schmecken Sie das Gulasch mit Salz ab und servieren Sie es.

Tipp: Damit Sie das Soja-Hackfleisch sofort zubereiten können, sollten Sie auf Soja-Hackfleisch aus dem Kühlregal zurückgreifen. Wenn Soja-Hackfleisch nicht ihren Geschmack trifft, können Sie dieses auch weglassen.

AUBERGINENLASAGNE

2 Port.

1 Std. 10 Min.

Leicht

Zutaten

500 g Tomaten
75 ml Kokosöl
50 g Parmesan (gerieben)
4 EL Basilikum
2 Eier
2 Auberginen
2 TL Salz
1 Knoblauchzehe
1 rote Zwiebel
Pfeffer
½ TL Rosmarin
½ TL Oregano (getrocknet)
½ TL Thymian (getrocknet)

Nährwerte p. P.

624 kcal
22 g Kohlenhydrate
51 g Fett
23 g Eiweiß

1 Waschen Sie die Auberginen und schneiden Sie die Enden ab. Dann zerteilen Sie die Auberginen in dünne Scheiben, bestreuen diese mit Salz und lassen Sie für 20 Minuten auf einem Küchenpapier liegen.

2 Pressen Sie den Knoblauch und schneiden Sie die Zwiebel in feine Stücke. Erhitzen Sie anschließend das Kokosöl und dünsten Sie beides darin an. Geben Sie die in Stücke geteilten Tomaten hinzu und würzen Sie alles mit Basilikum, Thymian, Oregano, Rosmarin, Salz und Pfeffer. Die Zutaten dürfen dann für 20 Minuten köcheln.

3 Vermischen Sie die Eier mit dem Parmesan. Wenden Sie die Auberginenscheiben darin und braten Sie die Scheiben in Kokosöl goldbraun. Nach dem Braten schichten Sie die Scheiben in eine Auflaufform, die Sie im Wechsel mit Tomatensoße bestreichen. Die oberste Lage garnieren Sie mit Parmesan und frischem Basilikum. Anschließend können Sie die Lasagne servieren.

Tipp: Wenn Sie Auberginen nicht mögen, können Sie als Alternative auf Zucchini zurückgreifen. Darüber hinaus können Sie als Gewürz Kümmel ergänzen. Kümmel sorgt dafür, dass sich der Magen-Darm-Trakt beruhigt, und wirkt sich somit positiv auf Ihren Darm aus.

Vegane Hauptspeisen

GRÜNE MAGIE

1 Port. 20 Min. Leicht

Zutaten

100 g Buchweizennudeln
90 g Edamame
75 g Mangold
75 g Spinat
50 ml Wasser
1 EL Mandelmus
1 EL Knoblauchöl
etwas Limettensaft
Salz, Pfeffer

Nährwerte p. P.

648 kcal
91 g Kohlenhydrate
16 g Fett
26 g Eiweiß

1 Garen Sie die Nudeln nach den Anweisungen des Herstellers.

2 Waschen Sie den Spinat sowie den Mangold und schneiden Sie beides in feine Streifen.

3 Erhitzen Sie in einer Pfanne Öl und geben Sie den Mangold hinzu, sodass er kurz angebraten wird. Dann löschen Sie ihn mit Wasser ab und köcheln ihn für etwa 5 Minuten. Hierzu decken Sie die Pfanne mit einem Deckel ab.

4 Geben Sie den Spinat sowie die Edamame hinzu und garen Sie die Zutaten für 5 bis 10 Minuten.

5 Vermischen Sie das Mandelmus mit Wasser, Limettensaft, Pfeffer und Salz zu einer homogenen Soße. Diese geben Sie dann in die Pfanne und kochen sie zusammen mit den anderen Zutaten auf, bis sie andickt.

6 Gießen Sie die Nudeln ab und geben Sie diese hinzu. Vermischen Sie alles erneut. Dann können Sie servieren.

Tipp: Die Buchweizennudeln können sowohl durch andere Nudelalternativen als auch durch Reis ausgetauscht und abgewandelt werden. Für den Spinat können Sie auch Tiefkühlspinat verwenden. Wer mit Reis nicht gut zurechtkommt, kann zudem auf Quinoa zurückgreifen.

BASISCHES RATATOUILLE

4 Port.

2,5 Std.

Leicht

Zutaten

500 g Auberginen
500 g Zucchini
500 g rote Paprika
500 g gelbe Paprika
140 g Zwiebeln
Salz, Pfeffer
50 ml Olivenöl
1 EL Tomatenmark
3 Knoblauchzehen
600 ml Gemüsebrühe
300 g geschälte Tomaten
Thymian

Nährwerte p. P.

194 kcal
13 g Kohlenhydrate
13 g Fett
6 g Eiweiß

1 Zerkleinern Sie das Gemüse in mundgerechte Stücke. Die Menge des Gemüses halbieren Sie dann. Eine Hälfte geben Sie zusammen mit Salz und Pfeffer auf ein Backblech. Die andere Hälfte des Gemüses braten Sie in einem großen Topf mit Olivenöl an.

2 Geben Sie das Tomatenmark und den Knoblauch hinzu und braten Sie die Zutaten für weitere 2 Minuten mit.

3 Löschen Sie die Masse mit der Gemüsebrühe ab und geben Sie die Tomaten und den Thymian hinzu. Decken Sie den Topf dabei ab und lassen Sie die Zutaten für 1,5 Stunden köcheln. Hierbei sollten Sie gelegentlich umrühren.

4 Nach Ablauf der Zeit nehmen Sie den Deckel ab und lassen das Ratatouille für weitere 30 Minuten ziehen.

5 Währenddessen heizen Sie den Backofen auf 200 °C Ober-/Unterhitze (180 °C bei Umluft) vor. Anschließend lassen Sie das Gemüse für 30 Minuten im Ofen backen.

6 Vor dem Servieren geben Sie das gebackene Gemüse zusätzlich in den Topf und heben es unter, bevor Sie anschließend mit Salz und Pfeffer abschmecken.

Tipp: Das Gemüse kann nach Belieben oder saisonal abgewandelt werden. Als Beilage können Sie zudem auf Reis, Quinoa oder Kartoffeln zurückgreifen (je nach Verträglichkeit).

GEMÜSE-CURRY-PFANNE

2 Port. 20 Min. Leicht

Zutaten

4 Möhren
1 Gemüsezwiebel
300 g Champignons
1 rote Paprika
1 EL Currypulver
1 Dose Kokosmilch (ungesüßt)
Salz
50 g Brokkoli
Öl

Nährwerte p. P.

444 kcal
32 g Kohlenhydrate
11 g Fett
6 g Eiweiß

1 Waschen und stifteln Sie die Möhren. Schälen Sie die Zwiebel, schneiden Sie diese und dünsten Sie sie in Öl an.

2 Geben Sie die gewürfelte Paprika sowie die zerkleinerten Champignons hinzu. Würzen Sie die Zutaten mit Curry und Salz.

3 Löschen Sie alles mit Kokosmilch ab und vermischen Sie alle Zutaten erneut miteinander. Geben Sie dann die Brokkoliröschen hinzu und decken Sie den Topf mit einem Deckel ab, um alle Zutaten für 15 Minuten abgedeckt köcheln zu lassen.

4 Anschließend können Sie alles servieren.

Tipp: Als Beilage können Sie zu diesem Gericht Reis oder Kartoffeln servieren. Zudem können Sie die Gemüsesorten variieren und anpassen. Wer mit Reis nicht gut zurechtkommt, kann zudem alternativ auf Quinoa zurückgreifen.

ASIA-PFANNE MIT KNUSPRIGEM TOFU

2 Port.

1 Std. 10 Min.

Leicht

Zutaten

300 g Tofu
2 EL Sesam
200 g Möhren
350 g Pak Choi
4 Frühlingszwiebeln
1 Pfefferschote
1 Chili
20 g Ingwer
1 Knoblauchzehe
150 g Edamame
3 EL Öl
2 EL Weißweinessig
3 EL Sojasauce
200 ml Gemüsebrühe
Koriander

Nährwerte p. P.

666 kcal
26 g Kohlenhydrate
42 g Fett
40 g Eiweiß

1 Halbieren Sie den Tofu längs und tupfen Sie ihn trocken. Dann schneiden Sie ihn in etwa 1 cm breite Stifte und legen ihn auf ein mit Backpapier bestücktes Backblech.

2 Heizen Sie den Ofen bei 220 °C Ober-/Unterhitze (oder 200 °C bei Umluft) vor. Trocknen Sie den Tofu dann für 12 bis 15 Minuten im Ofen.

3 Rösten Sie den Sesam in einer Pfanne mit etwas Öl auf mittlerer Hitze an. Schälen Sie die Möhren und schneiden Sie sie in Scheiben. Waschen Sie die Blätter des Pak Choi und halbieren Sie diese. Dann putzen Sie die Frühlingszwiebeln und schneiden sie in kleine Stücke.

4 Schneiden Sie die Pfefferschote in feine Ringe. Schälen Sie den Ingwer und hacken Sie ihn zusammen mit dem Knoblauch klein. Geben Sie die Edamame in kochendes Wasser und lassen Sie sie für 6 Minuten kochen.

5 Schrecken Sie die Edamame nach dem Kochen ab. Lösen Sie die Kerne aus der Schote. Dann erhitzen Sie einen Esslöffel Öl zusammen mit dem hergestellten Sesamöl in einer Pfanne. Braten Sie darin den Tofu knusprig an.

6 Nehmen Sie den Tofu aus der Pfanne und geben Sie das restliche Öl hinein. Dann braten Sie unter ständigem Schwenken die Möhren darin für 3 Minuten an, bevor Sie die Chili, den Ingwer, den Knoblauch sowie die Frühlingszwiebeln hinzugeben. Anschließend geben Sie ebenfalls die Edamame und den Pak Choi hinzu und braten alles für weitere 3 Minuten.

7 Die Sojasoße, den Essig und die Brühe verrühren Sie in der Pfanne und heben den Tofu unter. Zur Verfeinerung können Sie das Gericht mit Koriander garnieren, bevor Sie es anrichten.

Tipp: Da der Pak Choi zu den Kohlgewächsen gehört, kurbelt er die Verdauung an. Er weist einen geringen Ballaststoffgehalt auf, enthält kaum Zucker und ist daher im Vergleich zu anderen Kohlsorten besonders bekömmlich.

FRUCHTIGE ASIA-GEMÜSEPFANNE

4 Port. 35 Min. Leicht

Zutaten

1 Dose Ananas (à 850 ml)
1 rote Paprika
2 Möhren
1 Bund Lauchzwiebeln
1 rote Chilischote
1 Bio-Limette
2 EL Öl
4 EL Sojasoße
250 g Mie-Nudeln
Koriander (nach Belieben und Geschmack)

Nährwerte p. P.

390 kcal
74 g Kohlenhydrate
6 g Fett
7 g Eiweiß

1 Schütten Sie die Ananas ab und schneiden Sie diese (falls nötig) in Stücke. Putzen Sie die Paprika sowie die Möhren und schneiden Sie beides in feine Streifen. Waschen und schneiden Sie die Lauchzwiebeln und zerteilen Sie diese in kleine Ringe.

2 Waschen Sie die Limette und raspeln Sie etwas Schale ab. Anschließend pressen Sie die Limette aus.

3 Erhitzen Sie in einer Pfanne Öl und braten Sie die Möhren darin für etwa 2 Minuten an. Geben Sie nach 2 Minuten die Paprika, die Lauchzwiebeln sowie die Ananas hinzu und braten Sie alles zusammen für weitere 2 Minuten an. Zerkleinern Sie dann die Chili-Schote. Und würzen Sie mit Chili, Sojasoße, Limettensaft und Limettenabrieb.

4 Währenddessen kochen Sie die Mie-Nudeln nach der Packungsanweisung. Nach dem Garen gießen Sie die Nudeln ab und geben diese zum Gemüse. Anschließend vermischen Sie alles, schmecken mit Sojasoße ab und verfeinern nach Geschmack mit Koriander.

Tipp: Die Gemüsesorten können entsprechend der eigenen Verträglichkeit nach Belieben angepasst werden. Wer den Geschmack von Koriander nicht mag, kann diesen einfach weglassen.

KOHLRABISCHNITZEL MIT GURKENSALAT

 4 Port.  45 Min.  Leicht

Zutaten

Für den Salat:
1 Gurke
1 Lauchzwiebel
15 g frischer Dill
2 EL Kräuteressig
1 EL Pflanzenöl
3 EL pflanzliche Sahne
1 EL Agavendicksaft
Salz, Pfeffer
Zucker

Für das Kohlrabischnitzel:
200 g Kohlrabi
3 EL Senf
150 ml pflanzliche Milch
150 g Pankomehl oder Semmelbrösel
Muskat
Paprikapulver (edelsüß)
Salz, Pfeffer
Pflanzenöl
Zitrone

Nährwerte p. P.

315 kcal
47 g Kohlenhydrate
26 g Fett
8 g Eiweiß

1 Waschen Sie die Gurke und zerteilen Sie diese in dünne Scheiben. Dann geben Sie diese in eine Schüssel und salzen Sie. Lassen Sie die gesalzenen Gurken für 5 Minuten ziehen, damit Sie im Anschluss das ausgetretene Wasser abschütten können.

2 Schneiden Sie die Lauchzwiebel ebenfalls in dünne Scheiben und hacken Sie den Dill fein. Vermischen Sie in einem Gefäß den Kräuteressig zusammen mit dem Öl, der pflanzlichen Sahne sowie dem Agavendicksaft. Damit eine homogene Masse entsteht, können Sie alle Zutaten miteinander pürieren.

3 Geben Sie das Dressing zusammen mit den Gurken und den Lauchzwiebeln in eine Schüssel, vermischen Sie alles und schmecken Sie es mit Salz, Pfeffer und ein wenig Zucker ab.

4 Für die Kohlrabischnitzel füllen Sie einen Topf mit Wasser, das Sie leicht salzen. Dann bringen Sie das Wasser zum Kochen. Währenddessen schälen Sie den Kohlrabi und schneiden ihn in etwa 1 cm dicke Scheiben. Die Scheiben geben Sie für etwa 5 Minuten in das Wasser und kochen sie. Hierbei sollten Sie darauf achten, dass die Scheiben nicht zu weich werden, damit sie nicht zerfallen.

5 Bestreichen Sie nach dem Kochen beide Seiten des Kohlrabis mit Senf, Muskat, Paprikapulver, Salz und Pfeffer. Bereiten Sie zwei Teller vor. Einen füllen Sie mit dem Pankomehl oder den Semmelbröseln, der andere wird mit Milch befüllt. Dann legen Sie die Kohlrabischeiben jeweils zunächst in die Milch und anschließend in das Mehl.

6 Erhitzen Sie Öl in einer Pfanne und braten Sie die Kohlrabischnitzel für etwa 5 Minuten beidseitig darin an. Dann können Sie das Schnitzel zusammen mit dem Salat und einer Zitronenscheibe servieren.

Tipp: Soll die Panade der Schnitzel knuspriger werden, kann der Vorgang mehrfach wiederholt werden.

MÖHRENPUFFER MIT BULGUR UND ZAZIKI

 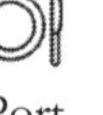  

4 Port. 45 Min. Leicht

Zutaten

Für das Zaziki:
1 Salatgurke
1 Knoblauchzehe
4 Stiele Minze
200 g Joghurt auf Pflanzenbasis
2 EL Olivenöl
Salz
Chiliflocken

Für den Möhrenpuffer:
1 Dose Mais (Füllmenge 400 g)
400 g Möhren
Salz
4 EL Buchweizenmehl
Chiliflocken
150 g Bulgur
2 EL Öl
100 g schwarze Oliven (entsteint)

Nährwerte p. P.

558 kcal
57 g Kohlenhydrate
28 g Fett
12 g Eiweiß

1 Waschen Sie die Gurke, schälen Sie sie und schneiden Sie diese in lange Streifen, um sie anschließend fein zu raspeln (für das Zaziki). Zupfen Sie die Minze von den Stielen ab und schneiden Sie diese in feine Stücke.

2 Vermischen Sie den Joghurt mit Olivenöl, Salz, Chiliflocken, Minze, Knoblauch und Gurke.

3 Für die Möhrenpuffer lassen Sie den Mais in einem Sieb abtropfen. Dann geben Sie ihn in eine Schüssel und zerdrücken ihn mit einem Kartoffelstampfer. Putzen Sie die Möhren, schälen Sie diese und raspeln Sie sie ebenfalls.

4 Vermischen Sie den Mais mit den Möhren, dem Salz, den Chiliflocken und dem Mehl. Formen Sie mit leicht feuchten Händen daraus 12 flache Puffer.

5 Kochen Sie den Bulgur mit etwas Salz und 300 ml Wasser in einem Topf auf. Halten Sie den Deckel dabei geschlossen. Nach dem Kochvorgang lassen Sie den Bulgur für weitere 15 Minuten quellen.

6 Währenddessen erhitzen Sie Öl in einer Pfanne. Darin braten Sie die Möhrenpuffer von beiden Seiten für 3 bis 4 Minuten von jeder Seite goldbraun.

7 Vermischen Sie die Oliven mit dem Bulgur und servieren Sie dazu die Möhrenpuffer und das Zaziki.

Tipp: Sofern Kichererbsen vertragen werden, kann der Mais durch dieselbe Menge an Kichererbsen ausgetauscht werden. Zudem können die Möhrenpuffer mit Kümmel angereichert werden, wodurch die Verdauung zusätzlich unterstützt wird.

GEMÜSE-KARTOFFEL-CURRY

4 Port.

35 Min.

Leicht

Zutaten

2 große Kartoffeln
1 Möhre
1 Zucchini
1 rote Paprika
1 gelbe Paprika
1 Lauchzwiebel
2 EL Öl
Salz, Pfeffer
2 EL Currypulver
1 TL Dinkelmehl
1 Dose ungesüßte Kokosmilch (400 g)
400 ml Wasser
1 bis 2 TL Gemüsebrühe
150 g TK-Erbsen
4 Stiele Koriander oder Petersilie (je nach Geschmack)

Nährwerte p. P.

310 kcal
19 g Kohlenhydrate
22 g Fett
7 g Eiweiß

1 Schälen Sie die Kartoffeln und würfeln Sie diese in mundgerechte Stücke. Schneiden Sie die Möhre nach dem Schälen in Stifte. Putzen Sie die Zucchini. Lauchzwiebel und Paprika schneiden Sie ebenfalls in mundgerechte Stücke.

2 Erhitzen Sie in einem Topf Öl und geben Sie das Gemüse für 5 Minuten zum Andünsten hinein. Würzen Sie mit Salz, Pfeffer und Curry und bestäuben Sie das Gemüse mit Mehl, um es kurz anzuschwitzen.

3 Löschen Sie das Gemüse mit Wasser und Kokosmilch ab, rühren Sie die Brühe ein und kochen Sie die Masse erneut auf. Dann lassen Sie alles für etwa 10 Minuten köcheln. Geben Sie die Erbsen hinzu und garen Sie diese zusammen mit dem restlichen Gemüse für weitere 5 Minuten.

4 Schmecken Sie das Ganze mit Salz, Pfeffer und Curry ab. Waschen Sie die Kräuter und geben Sie diese zum Verfeinern in das Curry.

Tipp: Bei Verträglichkeit kann das Currypulver durch Currypaste ausgetauscht werden. Das Gemüse kann nach Belieben durch FODMAP-arme Gemüsesorten ausgetauscht werden.

Fingerfood und Snacks

FODMAP-PROTEINBALLS TO GO

 15 Port.

 10 Min.

 Leicht

Zutaten

150 g zarte Haferflocken (glutenfrei)
75 g natürliche Erdnussbutter (ohne Zuckerzusatz)
¼ Tasse Ahornsirup (alternativ: Reissirup)
2 TL Kakaopulver
2 TL Hanfsamen (geschält)
2 TL Leinsamen (geschrotet)
1 Prise Salz

Nährwerte p. P.

105 kcal
7 g Kohlenhydrate
6 g Fett
4 g Eiweiß

1 Vermischen Sie alle trockenen Zutaten miteinander. Das Vermischen gelingt sowohl per Hand als auch in einer Küchenmaschine.

2 Geben Sie dann den Sirup sowie die Erdnussbutter hinzu und vermischen Sie alle Zutaten erneut.

3 Sollten die Zutaten zu trocken sein, können Sie dies durch die Zugabe von Sirup oder Erdnussbutter anpassen. Dabei sollte die Masse eine Konsistenz erreichen, die sich gut kneten und mit den Händen formen lässt.

4 Befeuchten Sie Ihre Hände mit kaltem Wasser und formen Sie aus der Masse Kugeln mit einem Durchmesser von 2 bis 3 cm, sodass 12 bis 15 Kugeln entstehen.

5 Geben Sie die Proteinkugeln in ein Gefäß, das sich für den Gefrierschrank eignet, und lagern Sie die Balls für etwa 30 Minuten im Gefrierfach.

Tipp: Statt Erdnussbutter kann alternativ Haselnussmus, Erdmandelmus oder Mandelmus verwendet werden. Da die Kugeln einen hohen Energiegehalt aufweisen, sollten Sie nicht mehr als 1 bis 2 Kugeln verzehren. Die Kugeln können Sie bis zu 14 Tage im Gefrierfach oder Kühlschrank aufbewahren.

LOW-CARB-GEWÜRZCRACKER

14 Port.

15 Min.

Leicht

Zutaten

150 g Sesam
150 g Sonnenblumenkerne
1 EL Kräutertee oder Gewürze nach Wahl
1 TL Salz
1 EL geschrotete Leinsamen
3 Eiweiß
Nach Belieben: etwas Feta oder geriebener Käse

Nährwerte p. P.

194 kcal
3 g Kohlenhydrate
7 g Fett
6 g Eiweiß

1 Heizen Sie den Backofen auf 160 °C Ober-/Unterhitze (oder 140 °C Umluft) vor.

2 Schlagen Sie das Eiweiß steif und heben Sie die übrigen Zutaten unter. Geben Sie je einen Esslöffel der Masse auf zwei Bleche, die Sie zuvor mit Backpapier auslegen. Formen Sie diese im Anschluss zu flachen Kreisen, indem Sie diese platt drücken.

3 Nach Belieben können Sie die Cracker mit etwas Feta bestreuen (oder pflanzliche Alternativen), bevor Sie diese zum Backen im Backofen platzieren.

4 Backen Sie die Cracker dann für ungefähr 20 Minuten im Ofen, bis sie etwa goldbraun sind.

Tipp: Die Cracker können im Kühlschrank ungefähr für eine Woche aufbewahrt werden. Als Beilage eignen sich Dips oder auch Brotaufstriche.

UFOS AUS RADIESCHEN

1 Port.

10 Min.

Leicht

Zutaten

6 Radieschen
50 g Salatgurke
30 g Feta
3 Dinkelcracker

Nährwerte p. P.

115 kcal
12 g Kohlenhydrate
4 g Fett
5 g Eiweiß

1 Putzen Sie die Radieschen, waschen Sie diese und halbieren Sie sie, sodass sechs Hälften entstehen.

2 Teilen Sie den Feta in dünne Streifen (oder verwenden Sie alternativ Feta-Scheiben, die Sie in mundgerechte Stücke zerteilen) und platzieren Sie diese jeweils auf den Radieschenhälften. Setzen Sie dann die Cracker darauf.

3 Schälen Sie anschließend die Gurke und schneiden Sie diese in Scheiben.

4 Auf den restlichen Radieschenhälften platzieren Sie die Gurkenscheiben und fügen dann jeweils ein Radieschen mit Gurke mit einem Radieschen mit Cracker zusammen.

5 Zum Fixieren der Radieschen können Sie Zahnstocher verwenden.

Tipp: Radieschen wirken sich nicht nur positiv auf die Abwehrkräfte aus, sondern haben aufgrund des enthaltenen schwefelhaltigen Öls Raphanol eine antibiotische Wirkung. Sie wirken sich somit positiv auf die körpereigenen Abwehrkräfte und auf die Darmgesundheit aus.
Alternativ zu den Crackern können Sie darüber hinaus auf Pumpernickeltaler zurückgreifen. Als Dip eignen sich besonders gut Kräuterquarks.

SÜSSE FODMAP-SOMMERROLLE

16 Port.

1 Std.
5 Min.

Leicht

Zutaten

150 g Milchreis
600 ml Wasser
1 Prise Salz
2 EL Reissirup
150 ml laktosefreie Pflanzenmilch
250 g Himbeeren
etwas Zimt
12 bis 16 Blätter Reispapier
nach Belieben Vanilleschote

Nährwerte p. P.

67 kcal
10 g Kohlenhydrate
5 g Fett
0 g Eiweiß

1 Bringen Sie für den Milchreis in einem Topf Wasser und Salz (nach Belieben auch das Mark einer Vanilleschote hinzufügen) zum Kochen. Geben Sie dann den Milchreis zusammen mit dem Reissirup hinein. Lassen Sie beides kurz aufkochen und rühren Sie die Masse dabei um, damit sie nicht anbrennen kann. Nach 20 bis 30 Minuten schalten Sie den Herd aus und lassen den Reis für etwa 15 Minuten quellen.

2 Sobald der Reis etwas ausgekühlt ist, geben Sie die Pflanzenmilch hinzu und verrühren alles erneut. Nun sollte der Reis eine dickflüssige Konsistenz aufweisen. Lassen Sie den Reis vollständig auskühlen.

3 Füllen Sie einen tiefen Teller mit kaltem Wasser, in dem Sie das Reispapier einweichen. Ein kurzes Eintauchen ist hierzu ausreichend. Platzieren Sie in der Mitte des Reispapiers Himbeeren und auf Wunsch etwas Zimt sowie den Reis.

4 Falten Sie das Reispapier zusammen, sodass die beiden Außenseiten auf die Füllung geklappt werden.

Tipp: Die Füllung der Sommerrollen kann für Ungeduldige auch als Milchreis verzehrt werden. Für das Anrichten füllen Sie den Reis in Schüsseln und dekorieren ihn mit Himbeeren und Zimt.
Dadurch, dass der Milchreis mit Wasser statt mit Milch zubereitet wurde, ist er für den Magen-Darm-Trakt bekömmlicher.

ERDNUSSBUTTER-SCHOKOLADEN-COOKIES

15 Stk. 30 Min. Leicht

Zutaten

250 g Erdnussbutter
180 g brauner Zucker
1 Ei
1 EL Zartbitterschokolade

Nährwerte p. P.

165 kcal
14 g Kohlenhydrate
15 g Fett
3 g Eiweiß

1 Heizen Sie den Ofen auf 180 °C Ober- /Unterhitze (oder alternativ 160 °C bei Umluft) vor.

2 Schlagen Sie in einer Schüssel das Ei auf und fügen Sie den braunen Zucker sowie die Erdnussbutter und die zuvor in Stückchen gehackte Zartbitterschokolade hinzu.

3 Geben Sie einen gehäuften Esslöffel des Teigs auf ein Backpapier und streichen Sie diesen glatt. Lassen Sie zwischen den einzelnen Keksen genügend Platz, da die Kekse im Ofen verlaufen können.

4 Backen Sie die Kekse für 6 bis 10 Minuten, bis sie leicht gebräunt sind.

5 Damit die Kekse fest werden, lassen Sie diese nach dem Backen für mindestens 10 Minuten auskühlen.

Tipp: Die Kekse lassen sich besonders gut mit einer Tasse Tee kombinieren.

ZUCCHINI-PIZZA-BITES

30 Port. 25 Min. Leicht

Zutaten

2 Zucchini
25 ml milde Salsasoße
50 g Feta
25 g Cherry-Tomaten
Salz, Pfeffer
Oregano

Nährwerte p. P.

14 kcal
1 g Kohlenhydrate
0 g Fett
0 g Eiweiß

1 Waschen Sie die Zucchini und schneiden Sie diese in dünne Scheiben. Dann legen Sie die Zucchini auf ein mit Backpapier ausgelegtes Backblech.

2 Geben Sie die Zucchinischeiben für 5 bis 10 Minuten bei 180 °C Ober-/Unterhitze (oder 160 °C bei Umluft) in den Ofen, um sie etwas kross zu backen.

3 Entnehmen Sie das Backblech aus dem Ofen, bestreichen Sie die Zucchinischeiben mit der Soße und belegen Sie diese mit den Tomatenscheiben sowie dem Käse.

4 Geben Sie die Zucchinischeiben dann für weitere 1 bis 3 Minuten in den Ofen, bis der Käse geschmolzen ist.

5 Vor dem Verzehr können Sie die Mini-Pizzen mit Salz, Pfeffer und Oregano würzen.

Tipp: Wenn Sie Zucchini nicht mögen, lässt sich das Rezept auch mit Auberginen umsetzen. Hierbei sollten Sie jedoch beachten, dass sich die Backzeiten aufgrund der unterschiedlichen Konsistenzen etwas unterscheiden können.

HIRSESNACK

 12 Port.  30 Min.  Leicht

Zutaten

140 g Hirseflocken
1 Möhre (etwa 80 g)
80 g Spinat
¼ TL Salz
2 TL Backpulver
2 Chia-Eier (Herstellung: 2 TL Chiasamen vermischt mit 6 TL Wasser)
2 TL Kokosöl
35 ml Mandelmilch
Salz, Pfeffer

Nährwerte p. P.

66 kcal
9 g Kohlenhydrate
1 g Fett
2 g Eiweiß

1 Mahlen Sie die Chiasamen mit einem Mörser und vermischen Sie diese mit dem Wasser. Stellen Sie die Mischung zur Seite und lassen Sie sie ziehen. Heizen Sie den Backofen auf 200 °C Ober-/Unterhitze (oder 180 °C bei Umluft) vor.

2 Mahlen Sie die Hirseflocken mit dem Mörser oder einem Mixer zu Mehl.

3 Schälen Sie die Möhre, reiben Sie diese und geben Sie die geriebene Möhre in den Mixer. Waschen Sie den Spinat, hacken Sie ihn fein und übergießen Sie ihn mit heißem Wasser, sodass er zusammenfällt.

4 Vermischen Sie Hirseflocken, Salz und Backpulver, Chia-Eier, Kokosöl, Mandelmilch sowie die Gewürze miteinander.

5 Heben Sie dann das Gemüse unter. Formen Sie aus der entstandenen Masse kleine Bällchen. Damit diese nicht an den Händen kleben, können Sie Ihre Hände leicht anfeuchten. Die geformten Bällchen platzieren Sie auf einem Backblech.

6 Backen Sie diese im Anschluss für etwa 15 Minuten im Backofen.

Tipp: Bei der Wahl des Mehls können Sie auf alternative (gerne auch bereits gemahlene) Sorten zurückgreifen. Gleiches gilt für die Wahl des Öls. Dieses kann durch andere Sorten ersetzt werden.

VEGANE FODMAP-CRACKER

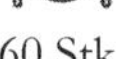
60 Stk.

45 Min.

Leicht

Zutaten

200 g Mandelmehl
½ TL Backpulver
2 EL Leinsamen
1 EL Rosmarin
1 TL Salz
½ TL Paprikapulver
Pfeffer
2 EL Sesam
1 TL Hefe (nicht zwangsläufig nötig)
4 EL Olivenöl
100 ml Wasser

Nährwerte p. P.

15 kcal
0 g Kohlenhydrate
1 g Fett
0 g Eiweiß

1 Zunächst vermischen Sie die Leinsamen mit dem Rosmarin und fügen alle trockenen Zutaten hinzu. Geben Sie das Öl hinzu und arbeiten Sie dieses ein, bis sich eine krümelige Konsistenz ergibt. Dann geben Sie das Wasser hinzu.

2 Formen Sie den Teig mit leicht angefeuchteten Händen zu einer kleinen Teigkugel. Ist die Konsistenz des Teigs zu fest, können Sie etwas mehr Wasser hinzugeben. Rollen Sie den Teig im Anschluss mit einem Nudelholz aus. Hierzu können Sie ihn zwischen zwei Lagen Backpapier einklemmen, damit er nicht kleben bleibt. Sie sollten den Teig dabei so lange ausrollen, bis Sie eine Dicke von etwa 3 mm erhalten.

3 Legen Sie den ausgerollten Teig auf ein Backblech und geben Sie es kurz zum Kühlen in den Kühlschrank. Währenddessen heizen Sie den Ofen auf 180 °C Ober-/Unterhitze (oder 160 °C bei Umluft) vor.

4 Nach dem Kühlen zerteilen Sie den Teig mit einem Pizzaschneider in die gewünschten Größen, bevor Sie sie im Anschluss für 25 bis 30 Minuten in den Ofen geben. Wenn die Cracker ausgekühlt sind, können Sie an der Schnittkante leicht auseinandergebrochen werden.

Tipp: Da Hefe für den Darm unbekömmlich sein kann, ist dieses Rezept so aufgebaut, dass Sie darauf auch verzichten können.
Je dünner Sie den Teig ausrollen, desto knuspriger werden die Cracker.

Desserts

ZITRONENKRAPFEN

4 Port.

1 Std. 25 Min.

Leicht

Zutaten

80 g Ahornsirup
1 Prise Salz
Saft und Schale von einer Zitrone
1 Eigelb
210 g Mandelmehl
Butter zum Einfetten des Blechs

Nährwerte p. P.

416 kcal
38 g Kohlenhydrate
23 g Fett
22 g Eiweiß

1 Rühren Sie die Butter schaumig. Geben Sie den Ahornsirup, das Salz, den Zitronensaft und das Eigelb hinzu und rühren Sie alle Zutaten gut unter. Nachdem Sie die Zitronenschale abgerieben haben, vermischen Sie diese mit dem Mehl und geben die Mischung unter die Buttermasse. Stellen Sie den Teig für etwa eine Stunde kalt.

2 Heizen Sie den Backofen auf 190 °C Ober-/Unterhitze (oder 170 °C bei Umluft) vor. Fetten Sie ein Backblech mit etwas Butter ein und formen Sie den Teig in kleine, etwa walnussgroße Kugeln. Dann setzen Sie die Kugeln auf das Backblech.

3 Backen Sie die Zitronenkrapfen für 10 Minuten auf der mittleren Schiene Ihres Backofens.

Tipp: Die Zitronenkrapfen eignen sich für den Verzehr bei Durchfall und Blähungen. Die Mehlsorten können nach Belieben und Verträglichkeit gegen ein FODMAP-armes Mehl ausgetauscht werden.

KÄSEKUCHEN MIT KARAMELLSOSSE

1 Port.

1 Std. 50 Min.

Leicht

Zutaten

200 ml Kokosmilch
70 g Traubenzucker
200 g glutenfreie Mürbekekse
110 g Butter
500 g laktosefreier Frischkäse
100 g Zucker
1 Päckchen Vanillezucker
3 Eiweiß
1 Eigelb

Nährwerte p. P.

408 kcal
47 g Kohlenhydrate
23 g Fett
12 g Eiweiß

1 Für das Karamell werden 200 ml Kokosmilch mit 70 g Traubenzucker vermischt und in einem Topf unter ständigem Rühren aufgekocht. Nach dem Aufkochen kann das Karamell für weitere 20 Minuten köcheln. Dabei sollten Sie es nicht aus den Augen lassen, damit es nicht anbrennt.

2 Für die Herstellung des Käsekuchens zerreiben Sie die Mürbekekse in feine Krümel. Hierzu können Sie die Kekse in einen wiederverschließbaren Beutel packen und mit einem Nudelholz oder der Hand zerkrümeln.

3 Nach der Zerkleinerung der Kekse vermischen Sie diese mit 110 g geschmolzener Butter. Die Masse geben Sie dann in eine Springform, drücken Sie sie am Boden gleichmäßig fest. Diese Springform stellen Sie für 30 Minuten in den Kühlschrank.

4 Für den Belag trennen Sie drei Eier. Die Eiweiße werden mit 100 g Zucker sowie dem Vanillezucker aufgeschlagen, bevor das Eigelb und 500 g Frischkäse untergehoben werden. Die Masse verrühren Sie so lange, bis eine homogene Creme entsteht.

5 Verteilen Sie die Hälfte der Karamellmasse auf dem Keksboden. Geben Sie im Anschluss die Frischkäse-Creme darüber. Heizen Sie den Ofen bei 160 °C Ober-/Unterhitze (oder 140 °C bei Umluft) vor.

6 Backen Sie den Kuchen für eine Stunde. Erwärmen Sie das restliche Karamell vorsichtig und verteilen Sie dies auf dem Käsekuchen, um ihn zu verzieren.

Tipp: Statt Karamell können Sie als Einlage für den Kuchen sowohl Erdnusscreme als auch Zartbitterschokolade verwenden.

RÜBLIKUCHEN

1 Port.

1 Std.
15 Min.

Leicht

Zutaten

Für den Kuchen:
300 g Möhren
4 Eier
200 g Zucker
250 g geriebene Haselnüsse
Schale einer ½ Orange
Schale einer ½ Zitrone
2 EL Kartoffelstärke
1 TL Backpulver
Salz

Für die Dekoration:
200 g Puderzucker
Saft einer Zitrone

Nährwerte p. P.

479 kcal
59 g Kohlenhydrate
22 g Fett
7 g Eiweiß

1 Waschen Sie die Möhren, schälen und reiben Sie diese. Heizen Sie den Ofen auf 180 °C Ober-/Unterhitze (oder 160 °C bei Umluft) vor.

2 Fetten Sie eine Springform mit etwas Butter ein oder legen Sie diese mit Backpapier aus.

3 Trennen Sie das Eiweiß vom Eigelb. Waschen Sie die Zitrone sowie die Orange. Bearbeiten Sie die Schale und reiben Sie diese ab. Zerteilen Sie die Zitrusfrüchte anschließend und pressen Sie diese aus.

4 Vermischen Sie das Eiweiß mit einer Prise Salz und schlagen Sie es steif. Stellen Sie es im Anschluss kühl.

5 Vermischen Sie das Eigelb mit Zucker zu einer hellen, cremigen und homogenen Masse. Geben Sie die geraspelten Möhren, den Abrieb der Zitrusfrüchte, den Saft sowie die gemahlenen Nüsse hinzu. Im Anschluss mischen Sie das Backpulver und die Kartoffelstärke ein, bevor Sie das Eiweiß unterheben.

6 Geben Sie den Teig in eine Springform und backen Sie den Kuchen für 40 Minuten im Backofen. Nach dem Abkühlen können Sie den Kuchen dekorieren. Hierzu vermischen Sie den Puderzucker mit dem Saft einer Zitrone sowie mit dem Saft einer Orange. Diese Mischung geben Sie über den Kuchen.

Tipp: Da der Kuchen völlig ohne Mehl auskommt, ist der Anteil der FODMAP-Lebensmittel hierbei besonders niedrig. Zudem sollte bei Desserts darauf geachtet werden, dass kein übermäßiger Genuss stattfindet.

CHIA-JOGHURT MIT FRÜCHTEPÜREE

 2 Port.

 15 Min.

 Leicht

Zutaten

300 g laktosefreier Joghurt
30 g Chiasamen
1 TL Vollrohrzucker
2 Clementinen
1 Banane
Zimt (nach Belieben)
30 g Zartbitterschokolade
30 g Haselnüsse
5 g Amaranth-Pops

Nährwerte p. P.

446 kcal
44 g Kohlenhydrate
23 g Fett
14 g Eiweiß

1 Vermischen Sie die Chiasamen mit dem Joghurt und dem Zucker. Schälen Sie die Clementinen und zerteilen Sie diese in ihre Filets. Schälen Sie die Banane und geben Sie beides zusammen in einen Mixer, um die Früchte zu pürieren. Würzen Sie das Fruchtpüree mit Zimt.

2 Hacken Sie die Haselnüsse und die Zartbitterschokolade fein. Schichten Sie den Chia-Joghurt in Gläser und wechseln Sie zwischen Joghurt und Fruchtpüree beim Einfüllen ab.

3 Verfeinern Sie den fertigen Joghurt mit Schokolade und Haselnüssen sowie Amaranth-Pops, bevor Sie den Joghurt servieren.

Tipp: Da die Chiasamen einen besonders hohen Ballaststoffgehalt aufweisen, bringen Sie den Darm in Schwung. Das kann besonders bei einer Verstopfung hilfreich sein. Darüber hinaus weisen Chiasamen einen hohen Nährstoffgehalt auf, der sich positiv auf die Knochen und Zähne auswirkt.
Wollen Sie das Püree in seiner Konsistenz etwas dickflüssiger, können Sie dem Rezept eine Banane hinzufügen.
Soll das Rezept vegan werden, können Sie den Joghurt durch pflanzenbasierte Alternativen, wie beispielsweise Kokosjoghurt oder Sojajoghurt, austauschen.
Anstelle der Amaranth-Pops können auf Wunsch auch Walnüsse verwendet werden.

SCHOKOKUCHEN

1 Port.

40 Min.

Leicht

Zutaten

200 g Mandelmehl
150 g Zucker
30 g Kakaopulver
1 Packung Backpulver
80 ml Öl
1 EL Apfelessig
220 ml Wasser

Nährwerte p. P.

327 kcal
19 g Kohlenhydrate
12 g Fett
0 g Eiweiß

1 Heizen Sie den Backofen auf 200 °C Ober-/Unterhitze (oder alternativ 180 °C bei Umluft) vor.

2 Vermischen Sie dann alle trockenen Zutaten miteinander. Geben Sie dann das Wasser, das Öl und den Essig hinzu.

3 Geben Sie den Teig in eine gefettete Kuchenform und backen Sie ihn für 25 bis 35 Minuten bei 180 °C Ober-/Unterhitze (oder alternativ 160 °C bei Umluft).

Tipp: Vor dem Verzehr sollte der Kuchen vollständig auskühlen.

KOKOS-LIMONEN-PANNA-COTTA

4 Port.

25 Min.

Leicht

Zutaten

250 ml laktosefreie Sahne (oder eine pflanzliche Alternative)
250 ml Kokosmilch (mit geringem Fettgehalt)
1 Bio-Limette
50 g Zucker
4 Blätter Gelatine
½ Ananas

Nährwerte p. P.

359 kcal
28 g Kohlenhydrate
426 g Fett
107 g Eiweiß

1 Geben Sie die Gelatine in einen tiefen Teller mit Wasser. Verrühren Sie die Sahne mit der Kokosmilch und dem Zucker und geben Sie die Zutaten zusammen in einen Topf. Erhitzen Sie die Mischung langsam. Beim Aufkochen sollten Sie darauf achten, dass die Mischung nicht sprudelnd kocht.

2 Reiben Sie die Schale der Limette ab und geben Sie diese hinzu. Dann pressen Sie den Saft der Limette aus und geben ihn dazu. Lassen Sie die Kokos-Sahne-Mischung abkühlen. Drücken Sie die Gelatine leicht aus und mischen Sie sie unter das Sahne-Kokos-Gemisch. Füllen Sie die Sahne-Mischung in Gläser und stellen Sie diese für 3 bis 4 Stunden kalt.

3 Schälen Sie die Ananas und schneiden Sie diese in feine Scheiben. Nehmen Sie nach Ablauf der Zeit die Panna Cotta aus dem Kühlschrank und stürzen Sie diese auf die Ananasscheiben. Geben Sie den Limettenabrieb zum Verfeinern darüber.

Tipp: Soll die Panna Cotta cremiger werden, können Sie das Verhältnis von Sahne und Kokosmilch abwandeln. Alternativ können Sie zudem Mandelmilch zur Herstellung der Panna Cotta verwenden.

POLENTA MIT ROTEN BEEREN

1 Port. 40 Min. Leicht

Zutaten

90 g Polenta (Maisgrieß)
1 Packung Vanillepuddingpulver
250 ml Wasser
300 ml laktosefreie Milch
100 g rote Beeren

Nährwerte p. P.

913 kcal
159 g Kohlenhydrate
18 g Fett
72 g Eiweiß

1 Fetten Sie eine Tarteform ausreichend ein. Bestreuen Sie die Form anschließend mit etwas Maisgrieß, damit sich die Polenta nach dem Backen gut ablöst.

2 Vermischen Sie das Wasser mit dem Vanillepuddingpulver.

3 Heizen Sie den Backofen auf 200 °C Ober-/Unterhitze (oder alternativ bei 180 °C Umluft) vor.

4 Bringen Sie das Wasser zusammen mit der Milch in einem Topf zum Kochen. Wenn die Wasser-Milch-Mischung kocht, geben Sie den Maisgrieß (Polenta) dazu. Rühren Sie diesen für etwa eine Minute ein, während die Puddingmasse aufkocht.

5 Nach dem Aufkochen wird die Puddingmasse in die Auflaufform gegeben und mit roten Beeren verziert. Diese drücken Sie etwas hinein.

6 Backen Sie die Tarte für 25 Minuten, lassen Sie sie auskühlen.

Tipp: Für ein besonders gutes Vanillearoma können Sie die Milch durch Sojamilch mit Vanillearoma ersetzen. Genießen Sie die Tarte kalt.

PANCAKES AUS REISMEHL

2 Port.

25 Min.

Leicht

Zutaten

150 Tasse Reismehl (kann nach Belieben mit Maisstärke gemischt werden)
75 ml laktosefreie Milch (alternativ: Reismilch)
3 Eier
1 TL Backpulver
1 TL Gelierzucker
50 g Zucker

Nährwerte p. P.

452 kcal
108 g Kohlenhydrate
11 g Fett
16 g Eiweiß

1 Trennen Sie die Eier und schlagen Sie das Eiweiß schaumig. Geben Sie das Mehl zum Eigelb und ergänzen Sie es um Zucker, Milch und Backpulver sowie Gelierzucker.

2 Vermischen Sie alle Zutaten zu einer homogenen Masse. Heben Sie dann das Eiweiß unter.

3 Portionieren Sie den Teig mit einer Suppenkelle und erhitzen Sie etwas Öl in einer Pfanne.

4 Braten Sie den Teig von beiden Seiten an, bis er eine goldbraune Farbe aufweist.

Tipp: Wollen Sie etwas mehr Süße, können Sie den Teig mit etwas Sirup anreichern. Zudem können Sie die Mehlsorten entsprechend Ihrer individuellen Verträglichkeit anpassen. Für die Verzierung der Pancakes können Sie FODMAP-arme Früchte verwenden. Bleiben Pancakes übrig, können Sie diese bis zum nächsten Tag im Kühlschrank aufbewahren und für 30 Sekunden in der Mikrowelle vor dem Verzehr erneut aufwärmen.

Getränke

LAVENDEL-LIMONADE (UNGESÜSST)

4 Port.

10 Min.

Leicht

Zutaten

Für den zuckerfreien Sirup:
200 ml Wasser
60 bis 100 g Erythrit (fein gemahlen)
4 EL Lavendelblüten (getrocknet)
Saft einer Zitrone

Für die Limonade:
den zuckerfreien Sirup
400 ml Mineralwasser
1 Bio-Zitrone
nach Belieben: Eiswürfel

Nährwerte p. P.

85 kcal
11 g Kohlenhydrate
0 g Fett
2 g Eiweiß

1 Für die Herstellung des Sirups geben Sie das fein gemahlene Erythrit, die Lavendelblüten sowie den Saft einer Zitrone in einen Topf und bringen Sie den Inhalt zum Kochen.

2 Kochen Sie den Sirup für 2 bis 3 Minuten auf und gießen Sie den Inhalt im Anschluss zum Auskühlen in ein Gefäß. Wenn der Sirup ausgekühlt ist, geben Sie den Sirup durch ein Sieb. Den gesiebten Sirup bewahren Sie im Anschluss im Kühlschrank auf. Dort können Sie ihn für mehrere Wochen lagern.

3 Zur Herstellung der Limonade verteilen Sie etwas Sirup in die gewünschte Anzahl an Gläsern. Die Dosierung können Sie dabei nach eigenem Belieben vornehmen. Gießen Sie den restlichen Glasinhalt mit Mineralwasser (oder bei Belieben stilles Wasser) auf.

4 Für die Verzierung können Sie die Limonade mit Zitronenscheiben und Eiswürfeln bestücken.

Tipp: Der Geschmack der Limonade kann durch den Austausch der Zitrusfrüchte verändert werden. So können Sie beispielsweise statt Zitronen Orangen verwenden. Wenn Sie Lavendel nicht mögen, können Sie diesen aus dem Rezept nehmen. Darüber hinaus können Sie das Getränk mit Gin in einen erfrischenden Cocktail verwandeln.

WALDBEER-FRUCHTSHAKE

1 Port. 2 Min. Leicht

Zutaten

1 Becher Waldbeeren (TK)
200 ml Pflanzenmilch
1 Banane
Vanillemark

Nährwerte p. P.

296 kcal
59 g Kohlenhydrate
4 g Fett
5 g Eiweiß

1 Tauen Sie die Waldbeeren auf und geben Sie das Vanillemark, die Pflanzenmilch sowie die Banane hinzu.

2 Vermischen Sie die Zutaten mit einem Stabmixer oder einer ähnlichen Maschine zu einer homogenen Masse.

3 Füllen Sie alles in ein Glas und servieren Sie den Smoothie.

Tipp: Nach Belieben können Sie für den Fruchtshake die Fruchtsorte gegen eine FODMAP-arme Sorte austauschen. Zudem können Sie den Shake zusammen mit Eiswürfeln servieren. Daneben eignet sich die Masse für die Herstellung von Softeis. Hierzu bewahren Sie die Pflanzenmilch im Kühlschrank auf, schneiden die Banane in Stücke, die Sie im Anschluss einfrieren. Nach dem Einfrieren pürieren Sie die tiefgekühlten Beeren mit der gefrorenen Banane und der gekühlten Pflanzenmilch zu einem Softeis. Als Pflanzenmilch können Sie beispielsweise Reismilch oder Hafermilch (aber auch Sojamilch) auswählen.

KÜRBIS-CHAI-LATTE

1 Port.

15 Min.

Leicht

Zutaten

1 Teebeutel Chai-Tee
200 ml Wasser
200 ml Pflanzenmilch
3 EL Kürbispüree
3 TL Ahornsirup
¼ TL Vanille
½ TL Zimt
Ingwerpulver (nach Belieben)
Nelkenpulver (nach Belieben)
Muskat
Kardamom (nach Belieben)
Salz
1 TL Stärke
Sojasahne zum Garnieren

Nährwerte p. P.

411 kcal
64 g Kohlenhydrate
39 g Fett
16 g Eiweiß

1 Erhitzen Sie in einem Topf das Wasser.

2 Nehmen Sie den Topf von der Platte und lassen Sie den Chai-Tee für etwa 5 Minuten darin ziehen.

3 Lösen Sie die Stärke zusammen mit 3 TL Wasser in einer kleinen Schüssel auf.

4 Stellen Sie den Topf im Anschluss wieder auf den Herd und geben Sie die restlichen Zutaten hinzu, bevor Sie alles unter ständigem Rühren aufkochen.

5 Füllen Sie den Inhalt des Topfes in ein Glas und garnieren Sie es mit Sojasahne.

Tipp: Wenn Ihr Chai Latte cremiger werden soll, können Sie den Topfinhalt vor dem Servieren mit einem Pürierstab aufschäumen. Wenn Sie den Chai Latte kalt genießen wollen, können Sie ihn mit Eiswürfeln nach dem Auskühlen servieren.

GRÜNER SMOOTHIE MIT KEFIR

 4 Port.  10 Min.  Leicht

Zutaten

1 Bund Minze (etwa 20 g)
3 Stiele Zitronenmelisse
250 g Blattspinat
1 Kiwi
1 reife Banane
1 Zitrone
2 EL Mandeln (geschält)
500 g Kefir

Nährwerte p. P.

214 kcal
18 g Kohlenhydrate
10 g Fett
9 g Eiweiß

1 Waschen Sie die Minze sowie die Zitronenmelisse, zupfen Sie einige Blätter ab und legen Sie diese für die spätere Verzierung zur Seite.

2 Waschen Sie den Spinat, schälen Sie die Kiwi und zerteilen Sie diese in Stücke. Mit der Banane verfahren Sie äquivalent. Pressen Sie die Zitrone aus.

3 Geben Sie etwa ⅔ des Spinats, die Minze, die Zitronenmelisse sowie einen Esslöffel der Mandelkerne, den Zitronensaft und 3 bis 5 Esslöffel Wasser in ein Gefäß und zerkleinern Sie die Zutaten mit einem Stabmixer.

4 Verteilen Sie die pürierten Zutaten auf vier Gläser. In ein weiteres Gefäß geben Sie die Banane mit dem Spinat sowie den restlichen Mandeln und pürieren diese ebenfalls. Dann rühren Sie den Kefir unter.

5 Geben Sie die Kefir-Mischung ebenfalls in die Gläser und dekorieren Sie alles mit den beiseitegelegten Minzblättern, bevor Sie das Getränk genießen.

Tipp: Der Genuss von Kefir und Minze beruhigt den Magen-Darm-Trakt. Die Milchsäurebakterien des Kefirs haben eine positive Auswirkung auf die Milchsäurebakterienbesiedlung Ihrer Darmflora. Minze hingegen wirkt aufgrund des enthaltenen Menthols beruhigend auf den Magen-Darm-Trakt und kann Verkrampfungen lösen.
Wenn Sie das Getränk lieber fruchtiger genießen möchten, können Sie einen Teil des Spinats durch Banane ersetzen und mit etwas Reissirup süßen.

ERDBEER-BANANEN-SHAKE

2 Port.

10 Min.

Leicht

Zutaten

250 ml vegane Milch (Dinkelmilch, Hafermilch, Reismilch oder Ähnliches)
½ Banane
5 Erdbeeren (frisch oder TK)
1 EL Haferflocken (glutenfrei)
1 EL Leinöl

Nährwerte p. P.

152 kcal
30 g Kohlenhydrate
2 g Fett
2 g Eiweiß

1 Geben Sie alle Zutaten in ein Mixgefäß und vermischen Sie diese zu einer homogenen, cremigen Masse.

2 Füllen Sie anschließend den Shake zum Servieren in Gläser.

Tipp: Je nach Verträglichkeit können die Obstsorten variiert werden. Dies ist vor allem deshalb wichtig, weil bei den jeweiligen Obstsorten bei einem vorliegenden Reizdarm eine individuelle Verträglichkeit vorliegen kann. Zusätzlich sollten Sie bei Bananen beachten, dass weniger reife Bananen weniger FODMAPs als überreife Bananen enthalten, sodass sie bekömmlicher sind.

WILD BERRY DREAM

1 Port. 10 Min. Leicht

Zutaten

200 ml Mineralwasser
(oder stilles Wasser)
etwas Minze
15 g Blaubeeren

Nährwerte p. P.

10 kcal
1 g Kohlenhydrate
0 g Fett
0 g Eiweiß

1 Geben Sie die Beeren zusammen mit der Minze und den Eiswürfeln in ein Weinglas.

2 Geben Sie das Mineralwasser darüber und servieren Sie das Getränk.

Tipp: Die Früchte können nach Belieben angepasst werden. Je nach Geschmack kann das Rezept mit etwas Zitrone verfeinert werden. Das Getränk passt gut zu fruchtigen Salaten.

HIMBEER-MOJITO (ALKOHOLFREI)

4 Port.

10 Min.

Leicht

Zutaten

250 g Himbeeren (frisch oder TK)
1 Bund Minze
2 Limetten
12 Himbeeren
250 ml kalter Minztee oder Grüntee
250 ml Mineralwasser

Nährwerte p. P.

85 kcal
22 g Kohlenhydrate
1 g Fett
2 g Eiweiß

1 Waschen Sie die Himbeeren. Falls Sie Tiefkühlhimbeeren verwenden, tauen Sie diese im Vorfeld auf. Pürieren Sie die Himbeeren zusammen mit dem Wasser zu einer feinen Masse.

2 Waschen Sie die Minze, zupfen Sie einige Blätter ab und legen Sie diese für die Verzierung zur Seite. Waschen Sie die Limetten und schneiden Sie diese in Scheiben.

3 Geben Sie in 4 Gläser jeweils einige Eiswürfel, Limettenscheiben sowie 2 bis 3 Himbeeren. Damit das Getränk kühl bleibt, konnen Sie die leeren Gläser im Vorfeld für eine kurze Zeit in den Kühlschrank packen.

4 Geben Sie ¼ des Himbeerpürees auf die Zutaten in den Gläsern und füllen Sie mit etwas Sprudelwasser sowie dem kalten Tee auf.

Tipp: Wer den Cocktail gerne als alkoholisches Getränk genießen möchte, kann auf Champagner zurückgreifen. Hierbei sollte jedoch die individuelle Verträglichkeit berücksichtigt werden. Um die Wirkung etwas abzuflachen und für den Darm freundlicher zu gestalten, kann dieser auch mit Mineralwasser vermischt werden.

IPANEMA (ALKOHOLFREI)

2 Port.

10 Min.

Leicht

Zutaten

2 Bio-Limetten
2 EL Rohrzucker
200 ml Ginger-Ale
200 ml Maracuja-Nektar
Eiswürfel

Nährwerte p. P.

158 kcal
37 g Kohlenhydrate
0 g Fett
1 g Eiweiß

1 Waschen Sie die Limetten und achteln Sie diese. Dann teilen Sie die Limettenstücke gleichmäßig auf zwei Gläser auf.

2 Geben Sie je einen Esslöffel Rohrzucker in jedes Glas. Zerstoßen Sie die Limetten und den Rohrzucker mit einem Barstößel.

3 Füllen Sie die Gläser zur Hälfte mit Eiswürfeln.

4 Teilen Sie dann die Säfte zu gleichen Anteilen (je 100 ml von jedem Saft) auf die Gläser auf.

Tipp: Je nach Geschmack können Sie diesen Cocktail mit etwas Minze verfeinern. Die Minze wirkt sich dabei beruhigend auf den Magen-Darm-Trakt aus. Für die Säfte gilt, dass die individuelle Verträglichkeit berücksichtigt werden sollte. Alternativ kann der Maracuja-Saft daher gegen andere bekömmlichere Säfte aus FODMAP-armen Fruchtsorten ausgetauscht werden.